· 期权红宝书系列 ·

小马白话期权 3
交易新手入门指南

小马 / 著

电子工业出版社
Publishing House of Electronics Industry
北京·BEIJING

内 容 简 介

随着更多商品期权品种的上市，越来越多的投资者开始关注期权。本书讲解期权的基础知识、交易策略、操作方法和风险控制等，最后提供了期权的实际操作案例，书中的每个案例几乎都是笔者当时实际操作的切身体会，让读者更有带入感，希望能引起读者的共鸣，学以致用，这也是本书不同于其他纯理论图书的地方。

本书适合有志于做好期权交易的投资者、希望做好风险管理的期权投资者，以及广大的金融从业人员阅读。

未经许可，不得以任何方式复制或抄袭本书之部分或全部内容。
版权所有，侵权必究。

图书在版编目（CIP）数据

小马白话期权. 3，交易新手入门指南/小马著. —北京：电子工业出版社，2021.6
（期权红宝书系列）
ISBN 978-7-121-41044-4

Ⅰ. ①小⋯　Ⅱ. ①小⋯　Ⅲ. ①期权交易－基本知识　Ⅳ. ①F830.91

中国版本图书馆 CIP 数据核字（2021）第 076684 号

责任编辑：黄爱萍
印　　刷：涿州市般润文化传播有限公司
装　　订：涿州市般润文化传播有限公司
出版发行：电子工业出版社
　　　　　北京市海淀区万寿路 173 信箱　　邮编：100036
开　　本：720×1000　1/16　印张：12　字数：202 千字
版　　次：2021 年 6 月第 1 版
印　　次：2025 年 7 月第 11 次印刷
定　　价：79.00 元

凡所购买电子工业出版社图书有缺损问题，请向购买书店调换。若书店售缺，请与本社发行部联系，联系及邮购电话：（010）88254888，88258888。
质量投诉请发邮件至 zlts@phei.com.cn，盗版侵权举报请发邮件至 dbqq@phei.com.cn。
本书咨询联系方式：（010）51260888-819，faq@phei.com.cn。

推荐序

期权是金融衍生品皇冠上的"明珠",以 2015 年上证 50ETF 期权上市为标志,场外期权、期货期权、现货期权迎来持续性、爆发性的增长。目前,我国场内期权共上市 22 个品种,覆盖金融、农产品、能源化工、有色金属、贵金属等板块,为投资者提供了更多的投资与风险对冲工具。可以预见,在不远的将来我国期权市场还将进一步扩容,更多的 ETF、商品、个股等都将有机会迎来相对应的期权品种上市。

近年来,受全球资本市场剧烈波动的影响,我国股票市场和商品市场也发生了巨幅波动,而期权凭借其非线性、亏损有限、盈利无限等特性,引起了市场的关注。越来越多的机构、企业及个人投资者开始使用期权规避风险,市场交易量迅速放大。

面对蓬勃发展的期权市场,广大投资者急于学习和掌握期权。目前,市面上有些期权图书内容晦涩难懂,理论、模型、算法更是让投资者一头雾水。本书详细讲解了期权开户、软件使用方法、交易规则等期权基础知识,并且作者总结了多年的期权操作经验,介绍了从简单的期权入门到运用组合策略、从买方到卖方、从 ETF 期权到商品期权等各种案例,用通俗易懂的语言帮助读者快速、全面、深刻地理解并掌握期权,是广大投资者及从业人员提升实战业务能力和交易水平非常好的读物。

胥京钢

方正中期资深投资经理

前　　言

自 2018 年至今，我已经出版过三本书，每本书的侧重点都不同：《小马白话期权——1 年 100 倍的稳健交易心法》讲解的是如何在趋势性行情中做好资金管理、移仓操作，抓住大行情的机会，实现资产的腾飞；《小马白话期权 2——多品种交易机会与稳健盈利策略》讲解的是把握 50ETF 期权、商品期权和美股期权，使用买方策略抓住不同的高收益，以及在复杂多变、来回震荡的行情中用好对冲及买卖结合，实现收益的稳健增长；《卖期权是门好生意》则进一步讲述期权卖方的理念、操作和风控，从多个方面完整阐述如何通过卖期权来获取稳定收益及在风险来临时如何控制、减少回撤，适合资金量较大的投资者进行长期投资时阅读，同时这本书还介绍了一些关于可转债的知识。

但是在实际的期权投资中，我发现很多投资者对期权的基本概念、专业术语、软件使用、交易方式等还不够熟悉，于是写了这本适合期权新手阅读的入门图书。

目前市面上的期权入门图书，要么太过简单，读者看了也无从实操；要么太过复杂，让读者望而生畏。在本书中，我结合了自己的实际交易经验，对期权的基本概念、软件使用、交易策略、风险管理等进行详细讲解，并在最后列举了亲身经历过的近几年穿越"牛熊"的期权交易案例，能够让读者感同身受。读者可以将本书当作一本期权交易指南或操作说明书，作为未来交易的参考。

在本书的编写阶段，朋友张昭参与了很多的文字校对工作，在此表示感谢。

财不入急门，打好基础再上场。

趋势行情做买方，震荡行情买卖结合。

小马

2021 年 3 月　于北京

目 录

第1章 期权基础知识 ... 1
1.1 期权交易的特征 ... 1
1.2 初识期权 ... 6
1.3 影响期权价格的因素 ... 12
1.4 期权的买方与卖方 ... 14
1.5 新手入门注意事项 ... 19
1.6 期权与其他投资品种的对比 ... 25
1.7 做市商 ... 28

第2章 期权实务操作 ... 31
2.1 期权开户与交易前的注意事项 ... 31
2.2 期权软件看盘与交易界面 ... 35
2.3 期权交易基本规则 ... 47
2.4 期权的权利金与保证金 ... 52
2.5 期权套期保值 ... 57
2.6 商品期权 ... 59
2.7 沪深300股指期权解析 ... 69

第3章 策略篇 71

3.1 标的为王 71
3.2 四种基本策略 76
3.3 如何选择合约 84
3.4 白话波动率 92
3.5 复杂策略 103
3.6 技术分析在期权上的应用 113
3.7 波段操作之法 122
3.8 日内操作之法 127
3.9 开仓与平仓要点 129
3.10 白话希腊字母 131
3.11 组合策略对交易的影响 135

第4章 风控篇 138

4.1 期权交易的风险 138
4.2 期权交易心理 142
4.3 新手误区 144
4.4 追高/抄底 146

第5章 实战篇 148

5.1 2017—2019年50ETF表现及期权策略 148
5.2 2019年上半年适合使用的策略 159
5.3 2019年下半年适合使用的策略 171
5.4 2020年适合使用的策略 180

第 1 章

期权基础知识

1.1 期权交易的特征

近年来,期权市场日渐成熟,随着国内期权品种的增多,越来越多的投资者开始对期权产生了浓厚的兴趣。笔者有着几年的期权操作经验,回头看自己所经历的投资过程,有过丰收的喜悦,也有过亏损的沮丧,通过和朋友们交流才发现,很多人对市面上的期权图书望而生畏,因为大部分期权类图书专业性太强,所以很多新进入期权领域的朋友还在反复被一些期权基础问题所困扰。笔者在期权市场中经历过很多磨炼,对期权有一些理念上的认识,下面结合实践经验,为读者讲解期权入门所遇到的一些常见问题。

在投资期权之前,要注意的是期权有风险,投资须谨慎。期权承载了很多人的梦想,但是如果操作失误,就会遭受很大的损失。那么期权交易的特征是什么呢?下面进行详细解读。

1．双向交易

我国股市只能做单向交易，且只能买涨而不能买跌（美股可以做空）；期货和期权类似，都可以做双向交易，既可以买涨，也可以买跌，而且基于股票标的的期权可以实现 T+0 的交易方式，能够当天买入、当天卖出，即可以随时买入、卖出。

2．具有超额收益

很多朋友从股票和期货市场来到期权市场，就是看中期权具有超额收益的特性。期权的收益和风险不是对称的，如果选择做期权买方，最大的亏损就是投入的本金，但获利是无限的；如果选择做期权卖方，最大的盈利就是权利金，亏损是无限的。所以，在市场行情比较好的时候，期权可以有超额收益。比如，在 2019 年，涨幅最大的期权是"50ETF 购 2 月 2800"，这个期权合约从最低价 1 元上涨到最高价 600 元左右，在 2 月 25 日这一天，最大涨幅是 192 倍，这确实能很好地体现出期权具有超额收益的特性。

3．具有杠杆性

期权具有杠杆性，不同的期权合约，杠杆不一样，所以期权确实是一个可以用较少资金快速盈利的优质工具，如图 1-1 所示为期权的杠杆率。

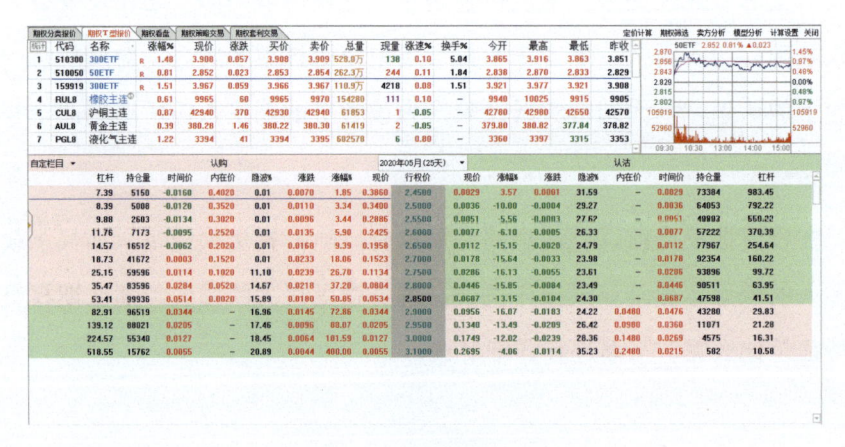

图 1-1　期权的杠杆率

4．技术可变现

投资技术可变现是期权交易最大的吸引力。在股票市场，拥有几万元资金的投资者能赚取的利润肯定不如拥有上千万元资金的投资者能赚取的利润多。但是，在期权市场完全可以将自己的技术变为利润，根据技术指标选择好的入场点和出场点（如图1-2所示），中间再做一些策略的应用和高抛低吸的操作，就可以获得非常惊人的收益。另外，期权还有风险与收益不对等的特性。比如，2017年11月的"50ETF购11月3000"合约，十几天的时间，合约价格从7元上涨到899元，如果做对了方向，则收益能达到130多倍，但是如果方向做反了，那么最后价值将归零。

图1-2　2018年12月至2019年2月50ETF走势

5．能获得稳健的收益

很多人问，做期权能不能获得稳健的收益？比如，每个月都能获得1%、2%、3%，甚至5%的收益，这样一年下来也能有不少收益。其实，在风险可控的情况下，期权是可以赚取稳健收益的。这里要用到期权的两种操作：卖方和备兑。

（1）卖方。我们可以在没有极端行情的情况下，卖出距离当前标的价格很远的虚值期权，或者在震荡行情下卖出上方虚值认购期权和下方虚值认沽期权（如图1-3所示），如果标的走势没有超出这个震荡的范围，那么一个月获利1%或2%还是比较容易的。

（2）备兑。当你希望长期持有50ETF或300ETF，但又想获得增强收益时，就可以考虑做备兑。假设我们买入50ETF现货，之后卖出虚值的认购，比如行权价是3元/张这样的认购期权，权利金为300多元，如果到期时50ETF的价格没有涨到3元/张，就可以把这300多元权利金拿到手，作为持有50ETF的额外收益。

怎么用期权获得稳定的收益呢？投资者结合自己的风险偏好和收益偏好，使用目标管理进行任务倒推。如果做买方，则最大的亏损是本金。期权的卖方可以根据风险偏好和收益偏好做目标管理和任务倒推，在这个过程中需要做好风险管理，比如面对极端情况怎么处理。

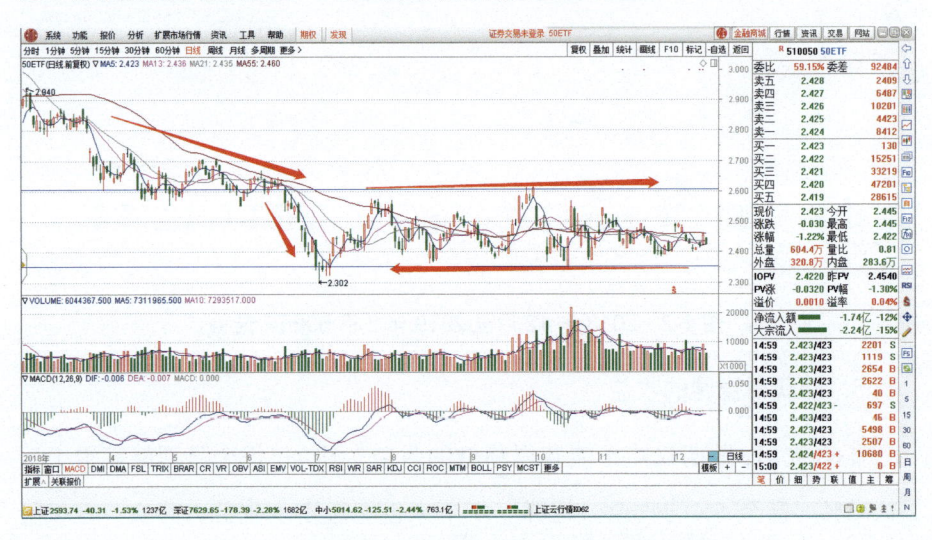

图1-3　2018年3月—2018年12月 50ETF走势

6. 可对所持股票进行保护

以 2019 年 3 月 7 日为例，50ETF 的价格跌了 1.67%，但认沽期权价格上涨得比较好，在平值附近的认沽期权的价格上涨超过 30%，虚值一些的期权甚至有翻倍的上涨。尽管在这样的行情中虚值合约翻倍上涨的意义不大，但如果做的是一个在平值附近或者轻度虚值的合约，那么在市场快速下跌的情况下，期权在一定程度上可以对手上持有的股票有一定的保护作用。如图 1-4 所示为"50ETF 沽 2 月 2700"合约走势。

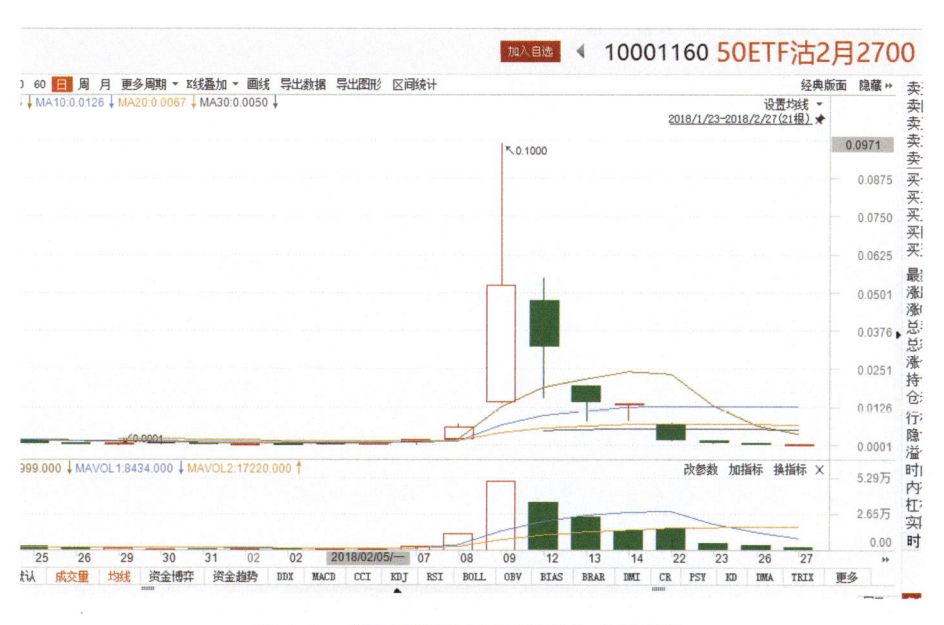

图 1-4 "50ETF 沽 2 月 2700"合约走势

7. 收益差异明显

如果我们做股票交易，以 50ETF 来说，在 2017 年 5 月初—11 月，50ETF 价格从 2.246 元/张上涨到 2.89 元/张，那么我们的收益率仅稍高于 20%，在单边行情中，甚至没有高抛低吸的机会，收益差距只能体现在资金投入量上。如果做股指期货交易，那么收益差距在于是否有先见之明看对未来趋势。但对于期权来说，收益差距会非常明显，以 2019 年 1 月份认购的 2350

和 2400 合约来说，认购 2350 合约的最低价格是 160 元/张，最高价格是 845 元/张，最高收益大概是 5 倍；我们再来看一下认购 2400 合约，其价格从 100 多元/张，上涨到最高约 400 元/张，但最后价值归零。所以，同样的行情，我们选的期权合约不同，结果就不同。如果在这个过程中我们用腾挪移仓的办法，使用更多策略作为辅助，则结果会有更大的区别。相同的行情，合约不同、策略不同、操作方法不同，收益就会有很大的差异。

1.2 初识期权

1. 期权基础

（1）什么是期权

期权（Options）的另外一个名称是选择权，是买卖双方达成的一种合约。期权交易就是把这个选择权作为一个商品，通过交易这个选择权，从而间接地对标的进行交易，对于权利方来说，为了获得这个权利需要支付一定的金钱。在权利方（买方）向义务方（卖方）支付一定数量的金额（权利金）后，就拥有在未来一段时间内或未来某一特定日期，以事先规定好的价格向义务方购买或出售一定数量的特定标的物的权利，但不负有必须买进或卖出的义务。也就是说，权利方可以行使这个权利，也可以不行使这个权利。

举个例子来说（如图 1-5 所示），小白夫妻要买房，房子价值为 200 万元，其与卖房子的人约定，小白夫妻先付 5 万元的定金，在 3 个月以后，就有权利用 200 万元来买这个房子，而不是有义务去买。即使在 3 个月后房价涨了，房子价值变为 250 万元，那么小白夫妻也以 200 万元来成交，并行使自己的权利。如果在 3 个月以后房价跌了，房子只值 150 万元了，那么小白夫妻宁愿损失这 5 万元的定金也不会买这个房子了。在这个例子中，小白夫妻用 5 万元定金使自己拥有未来无论房价变为多少，都能以 200 万元来购买房子的权利，而他们的这个行为就相当于一次期权交易行为。买方买入的是一种权利，当买方觉得条件有利时就行权，如果觉得条件对买方不利，就可以放弃这个权利。

图 1-5　从买房定金看期权

（2）期权的基本特点

期权的基本特点如下。

① 买方想要获得权利必须向卖方支付一定数量的权利金，这个权利金体现的是期权的价格。

② 期权买方取得的权利是有时限的。"期"就是未来，"权"就是权利，未来某一段时间内的权利就是期权。比如，50ETF 期权在每个月都有结算日期，如果过了结算时间，那么期权标的价格就和已经到期的期权无关了。

③ 期权买方在未来买卖的标的物是特定的。

④ 期权买方在未来买卖标的物的价格（执行期权的价格）是事先约定好的。

⑤ 期权买方取得的是买卖的权利，而不负有必须买进或卖出的义务。

买方有执行的权利，也有不执行的权利。而卖方希望看到买方不行权，那么卖方就能收取权利金，同时不需要履行相应的义务。

（3）期权的分类

期权可以分为认购期权、认沽期权、欧式期权、美式期权、现货期权、期货期权、场内期权、场外期权等类别。

① 认购期权/认沽期权。认购期权在商品期权中也叫作看涨期权，认沽期权在商品期权中也叫作看跌期权。认购期权和认沽期权是根据交易合约中所规定的交易方向来划分的。认购期权就是买入的权利，即买方拥有在未来某一时间以特定价格买入标的资产的权利，就构成了一个看涨的方向；认沽期权就是卖出的权利，即买方拥有在未来某一时间以特定价格卖出标的资产的权利，就构成了一个看跌的方向。在软件里看期权的涨跌方向会更加直观，如图 1-6 所示。以行权价为中心，行权价左边的 8 列内容是认购期权的部分，行权价右边的 8 列内容是认沽期权的部分。一般，认购期权与认沽期权的波动方向是相反的，即一边的合约价格上涨，另一边的合约价格就会下跌。行权价，即在未来的行权日，期权的权利方有以这个价格买入期权标的的权利，或者有卖出期权标的的权利。

② 欧式期权/美式期权。根据期权合约中行权方式的不同，可以将期权分为欧式期权和美式期权。欧式期权只能在到期日的当天行权，比如 50ETF、300ETF 和股指期权，其中 50ETF、300ETF 期权的到期日是每个月的第四个星期三，只能在特定的这一天进行期权交割。美式期权，买方可以在到期日及到期日前的任何交易日行权，比如豆粕、白糖、橡胶、玉米和棉花期权。美式期权的行权方式有什么优点呢？商品期权的持仓量不多，尤其是在虚值商品期权变成实值期权后，持仓量都只有几百张，买卖点差非常大，如果在二级市场上进行期权交易，就可能有损失，但是美式

期权可以马上行权，将商品期权转换成期货品种后再进行交易，提高了期权的流动性。

图 1-6　认购期权与认沽期权

③ 现货期权/期货期权。根据合约中标的资产的分类，可以将期权分为现货期权和期货期权。比如，50ETF 期权就是现货期权，在行权后得到的是 ETF 现货。在期货期权行权后，得到的是期货合约，比如沪铜、棉花。

④ 场外期权/场内期权。根据期权交易的场所不同，可以将期权分为场外期权和场内期权。场外期权，即在非集中交易场所进行非标准化的期权合约交易，期权合约的行权交易方式、交易价格等条约都是在合同中签订好的。场外期权主要针对机构投资者。场内期权，即期权合约在场内交易或者通过交易所平台进行交易，所交易的合约都是标准化的，包括 50ETF、300ETF、股指、橡胶、沪铜、豆粕、玉米、白糖、郑棉、黄金、甲醇等。

（4）期权的现状与未来

目前，期权的成交量非常大，各个证券公司、期货公司也都在逐步向期权市场发力，因为这是一片新的蓝海。从全球交易所各类衍生品交易量的情况来看，股指期权交易和股票期权交易占相当大的份额。

国外的期权品种已经非常丰富了，从全球金融市场的角度看，场内期权按照标的资产衍生路径的差异，可将其分为股票期权（包含个股期权、ADR 期权、ETF 期权）、股指期权、股指期货期权、债券期货期权、利率期货期权、商品期货期权、外汇期权和外汇期货期权等。

国内的期权可以说是方兴未艾，随着 2015 年上证 50ETF 期权的推出，我国金融市场进入了期权时代，期权是交易者必争的制高点，且近几年持续推出了豆粕、白糖、铜、棉花、玉米、橡胶等品种的期权，截止到 2020 年 10 月，共有 22 个期权交易品种，所以期权交易的思路也会发生一些变化。在 2019 年 2 月 25 日的百度指数中，期权关键词的搜索指数出现了暴涨（如图 1-7 所示），因为在当天，有的期权合约暴涨了 19267%。在这之后期权价格出现了明显的上升，很多投资者"跑步"入场，给市场带来了很多新鲜"血液"，让期权市场在不知不觉中发生了新的变化。

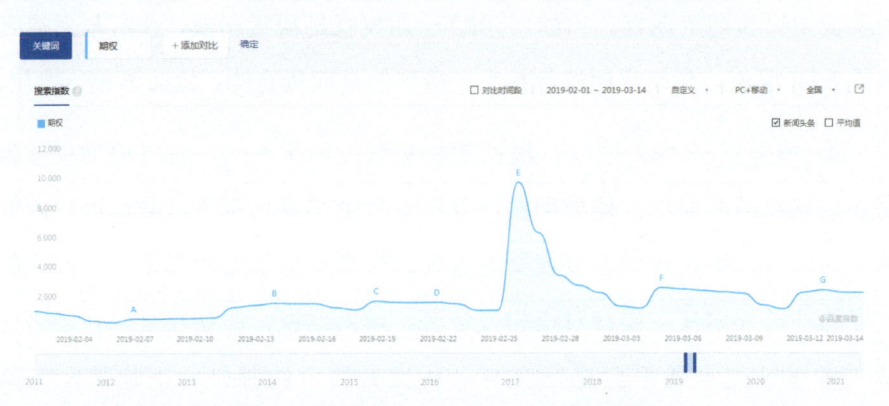

图 1-7　百度指数"期权"关键词走势图

2．期权基本要素

（1）合约方向

合约方向就是指认购期权和认沽期权，认购期权也称作看涨期权，认沽期权也称作看跌期权。

（2）行权价格

行权价格即期权买卖双方事先约定的，买方有权在某一时间买入或卖出期权合约标的的价格。

（3）行权价的间距

行权价的间距可以被简单地理解为两个相邻行权价之差，300ETF 的价格在 5 元/张以下时，行权价以 0.1 元为一档；50ETF 的价格在 3 元/张以下时，行权价以 0.05 元为一档；当 50ETF 的价格升至 3 元/张以上时，行权价就以 0.1 元为一档。其他品种的行权价间距也不同，比如，橡胶价格在 10 000 元以上时，行权价以 250 元为一档，价格在 10 000 元以下时，行权价以 100 元为一档。

（4）实值、虚值、平值期权

实值期权即买方立即行权所获得的收益大于 0。虚值期权即买方立即行权就产生亏损。平值期权即买方立即行权盈亏平衡。如表 1-1 所示为实值期权、虚值期权与平值期权的区别。

表 1-1 实值期权、虚值期权与平值期权的区别

名称	认购期权	认沽期权
实值期权	期权执行价格<标的物实时价格	期权执行价格>标的物实时价格
虚值期权	期权执行价格>标的物实时价格	期权执行价格<标的物实时价格
平值期权	期权执行价格=标的物实时价格	期权执行价格=标的物实时价格

（5）内在价值、时间价值

内在价值是买方立即行权就可以获得的利润，利润为标的物价格与行权价的差额。时间价值是期权到期前，权利金扣除内在价值之后的剩余部分，时间越长，时间价值越大。

（6）合约月份

合约月份即期权合约的交易月份，不同品种的期权合约月份有比较大的不同。比如，铜期权从当月合约开始交易，接下来的 11 个月都有合约交易，而 50ETF、300ETF 在当月、下月及接下来的两个季度月有合约交易，股指期权则在当月、下两个月及接下来的 3 个季度月有合约交易。其他的商品期权则根据商品期货的季节月份来进行交易。

（7）最小变动单位

最小变动单位即期权合约价格变动的最小值。对于 50ETF 来说，价格的最小变动单位是小数点后第 4 位，也就是 0.0001 元。其他的商品期权价格的最小变动单位各不相同，有的是 1 元，有的是 0.5 元。一般来说，大的合约最小变动单位都是整数元，价格低一点的品种的合约价格变动单位是 0.5 元，黄金期权价格的最小变动单位是 0.02 元。

（8）权利金与保证金

权利金是期权买方为了获取期权所赋予的权利而向卖方支付的费用，也就是期权的价格。保证金是为了保证卖方能够履约，卖方在交易的过程中需向交易所缴纳的履约保证金。一般来说，一张平值 50ETF 期权的权利金为 700 元左右，保证金为 3000 元左右。卖方的保证金可以通过交易软件中的交易策略来查看。

（9）历史波动率和隐含波动率

历史波动率是过去一段时间内价格波动程度的指标。隐含波动率是隐含在期权价格中的波动率，隐含波动率也是对未来的预期。

1.3　影响期权价格的因素

我们在交易期权的时候常常会看到期权价格的变化，有的时候会看到认购期权价格在上涨,认沽期权价格在下跌,或者看到认沽期权价格在上涨,认购期权价格在下跌,又或者看到认购期权价格和认沽期权价格一起上涨或下跌,为什么会出现这些情况呢?本节我们将一起研究一下。影响期权价格的因素主要有5个(如图1-8所示),具体如下。

(1)标的资产的市场价格。以50ETF期权为例,假设某天它的收盘价格是3.675元/张,那么这就是标的资产当时的市场价格。

(2)期权的执行价格。期权的执行价格就是行权价,对于认购期权来说,低行权价的期权价格比高行权价的期权价格要高;对于认沽期权来说,正好相反,高行权价的期权价格比低行权价的期权价格要高。

(3)剩余有效期。对于期权来说,距离到期时间越长,其价格涨到某个位置或跌到某个位置的可能性就越大,大家也就愿意为多出来的时间花更多钱来购买未来的可能性,所以期权的有效期越长,其价格越高。

(4)资产的波动率。标的资产的波动率是标的资产价格的波动程度,是对标的资产收益率的衡量,用于反映标的资产的风险水平。

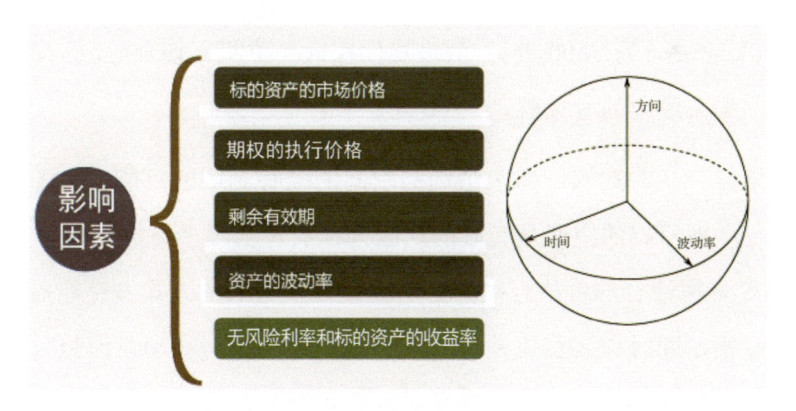

图 1-8 期权价格的影响因素

(5)无风险利率和标的资产的收益率。无风险利率一般以一年期无风险收益率或一年期国债收益率为基准,期权卖方会更关注这方面的因素。

这 5 个因素通过影响期权的内在价值和时间价值来影响期权价格。一般，标的资产的市场价格和执行价格影响期权的内在价值，其他的因素对时间价值的影响更大一些。用期权价格减去内在价值就是期权的时间价值，时间价值包含期权的隐含波动率等因素。

1.4 期权的买方与卖方

期权的买方与卖方同股票的融资与融券有些类似，都是从期权合约的买卖价差上获利的。期权的买方就相当于买入股票或融资买入股票，等到价格上涨后就卖出获利，或者等到价格下跌后就卖出亏损。期权的卖方，就相当于我们先把股票融券卖出，在价格下跌后买入，以还券获利，或者在价格上涨后买入，以平仓亏损。

1. 期权的买方

从理论上来说，期权买方最大的特点是亏损有限、盈利空间无限，且风险可控。当我们买入期权合约时，最大的亏损就是权利金。如图 1-9 所示为 300ETF 沽 6 月 3500 走势，假设我们在最高位买入该合约，投入为 2700 元左右，那么最大的亏损就是 2700 元左右。

如果持有认购期权，那么盈利的空间的确有无限的可能性。如果持有认沽期权，则亏损的空间是有限的，因为标的价格最多只能跌到 0（注意：2020 年 5 月原油合约价格打破了这一规律）。以买入的方式做空能提前预知最大的亏损，同时作为买方，可以不惧怕短期的行情波动，因为只要合约不到期，期权买方在理论上就存在盈利的可能。同样，期权买方套期保值的成本更低，最大的亏损也是有限的。

图 1-9　300ETF 沽 6 月 3500 走势

买入期权的持仓了结方式有：（1）持有到期并行使权利，在这个过程中一般需要比较大的资金量，大部分投资者都不会选择这种方式。（2）持有到期，放弃行权。这种方式的操作一般针对虚值期权，因为当到期日来临时，虚值期权将变得一文不值，投资者就会放弃这部分合约。（3）在合约到期前进行对冲平仓，将手上的买入期权进行卖出操作，这也是大部分投资者经常使用的方式。

谁会买入期权呢？（1）强烈看好（看空）市场，认为未来市场会大涨（大跌）的投资者。（2）短期投机者，这种投资者只在乎短期的行情走势，而不看长期的涨跌行情。（3）日内交易者。（4）策略性持仓的投资者。这种投资者要注意概率和赔率的关系，比如，虚值期权买方，因为有时间价值的原因，所以所持有的虚值期权到期被行权的概率就偏小，而虚值期权买方的赔率往往会很大。

2．期权的卖方

在理论上，期权卖方的特点是盈利有限、亏损无限，具有概率优势。期权卖方最大的盈利就是在卖出期权时所获得的权利金，也就是当期权现价变为 0 的时候。期权卖方的亏损是无限的，如图 1-10 所示为棉花 2101

购 14000 合约走势，假设在低位以 65 元/张卖出期权，由于方向判断错误，期权价格最高涨到了 1000 元/张附近，本来期望盈利的权利金就变成了亏损，而且如果行情继续上行，那么在不平仓的情况下，亏损是无限加大的。

图 1-10　棉花 2101 购 14000 合约走势

做期权卖方需要缴纳保证金，这是为了保证在买方行权的时候，卖方有足够的资金进行履约。在一定程度上，期权卖方也可以做套期保值，比如，如果我们有现货，且认为接下来的行情不会大跌或大涨，就可以卖出相应的认沽期权或认购期权来获得权利金，作为一笔额外的收益。

那么，为什么还会有人做期权的卖方呢？因为在市场中，期权卖方被行权的概率其实是很小的，具有概率优势。

期权卖方持仓了结的方式有：（1）持有到期，被行权、履约。只要买方提出行权的申请，卖方就有义务履行。对于认购期权的卖方来说，当买方提出行权的时候，卖方必须将手中的现货按照行权价卖给对方；对于认沽期权的卖方来说，当买方提出行权的时候，卖方必须将买方手中的现货按照行权价买入。（2）大部分投资者都会选择在期权到期前对冲平仓来获取持有期间的差价。（3）合约到期归零，不需要被行权和平仓。

谁会卖出期权呢？（1）与买方意见相反的投资者。（2）使用组合策略的投资者，比如，可能不是裸卖，而是持有买方卖出虚值，或者持有现货来做卖方。（3）做市商，期权交易所是有做市商制度的，做市商能提高市场的流动性。（4）平仓的投资者，主要是期权买方所做的平仓操作。（5）做套期保值的投资者。（6）锁仓的投资者。

期权就单个合约来说是零和游戏，有人买入期权就一定有人卖出期权，买方与卖方互为对手盘。投资者每个阶段的想法都不同，可以在买方与卖方之间随时转换，可能这一刻是买方，下一刻就是卖方。

3．期权买卖结合

将期权买方和卖方相结合可以有以下三种方式。

（1）形成价差策略

价差策略：在买入一个低行权价的实值期权的同时，卖出一个高行权价的虚值期权，认为接下来的行情是温和上涨的，盈利曲线图如图 1-11 所示。

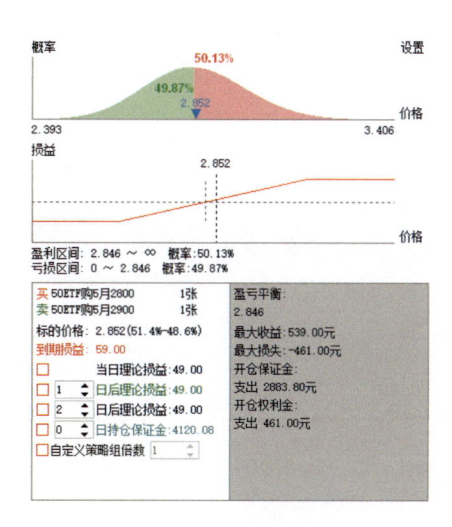

图 1-11　盈利曲线图

（2）形成合成头寸

买入一个认购期权并卖出一个认沽期权，这样就形成了一个对后市强烈看好的组合——合成多头。反之，就是合成空头。

（3）先卖再买

一般虚值期权行权的可能性相对较小，而卖方盈利的概率相对较大，所以我们可以在一个月的上半月做虚值期权的卖方来获得利润，而在下半月，利用在上半月所获得的一部分利润来做期权买方，以博取超额收益。

将买方与卖方相结合的优点是，不仅可以容纳更多的资金，而且可以避免时间价值的损失和波动率的下降。以图 1-12 为例，假设买方买入"300ETF 购 10 月 4900"合约，作为买方很容易出现相对较大的亏损，而此时卖方产生的亏损反而相对有限，一个很重要的原因是当我们的账户风险很高的时候，券商会对账户进行强制平仓，强行止损。

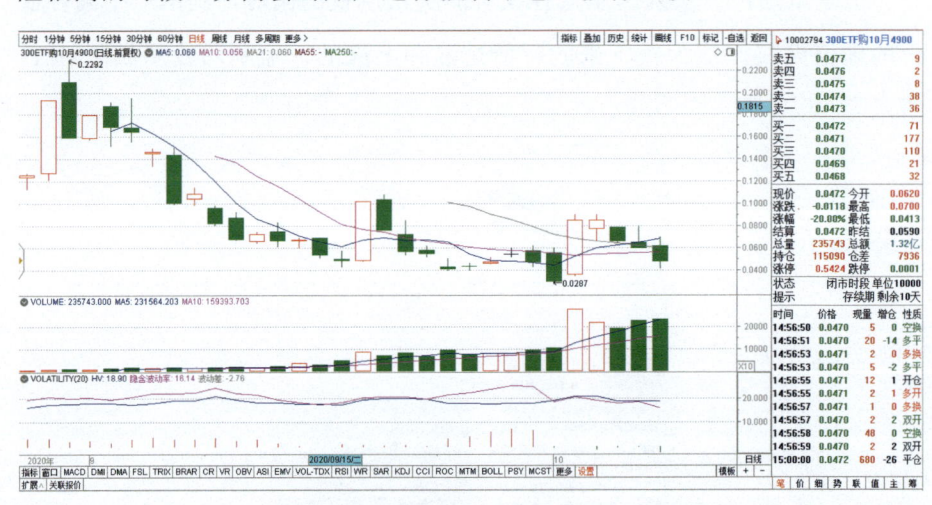

图 1-12 "300ETF 购 10 月 4900"合约走势

1.5　新手入门注意事项

随着股市的起伏及国内期权品种的增加，越来越多的投资者开始关注期权这个无论是市场上涨、下跌还是横盘都可以赚钱的工具，甚至一些机构也在试图用期权工具进行突破。但是对于一个期权小白来说，做期权的难度是非常大的，那么，入门需要做哪些准备工作呢？可以从以下几个方面去着手。

1. 准备工作

（1）知识储备

首先，必须要阅读关于期权的图书，浏览与期权相关的网站、视频，由浅入深。笔者推荐上海交易所投教频道系列教程和视频，图书从简单的《三小时快学期权》《两周攻克期权策略》等读起，然后阅读"小马白话期权系列"图书、《期权交易——核心策略与技巧解析》《手把手教你学期权投资》《麦克米伦谈期权》，以及与波动率交易相关的图书，以学习期权更深层次的知识。

如果做的是 50ETF、300ETF 期权，则必须对相关成份股进行研究。如果做的是豆粕期权、白糖期权或铜期权，就需要对农产品、工业品和期货知识有一定的研究。

其次，要有一套判断和跟随行情的思维，不管是预测标的物的趋势，还是跟随行情走势，都应该有相应的思维。对于习惯股票交易的投资者来说，更加需要具备多空思维，因为股票只能通过做多赚钱，但在既可以做多又可以做空的期权市场，他们往往在行情下跌时不会做空，只会根据股票思维来操作，可是往往做空获利的速度比做多获利的速度快得多、空间也大得多。从事期货的投资者转做期权，就不会存在看多、看空方面的问题。

最后，还要掌握一些技术分析的方法，这一点也非常重要，因为这些方法能够成为你下单进行买卖操作的依据，比如参考常见的均线、MACD 线、KDJ 线指标等。

（2）资金准备

目前，国内期权市场有相对较高的门槛，要想投资 50ETF 和 300ETF 期权，需要连续 20 个工作日账户平均净资产达到 50 万元以上，投资商品期权需要开通账户前 5 个交易日平均净资产达到 10 万元以上，在开通 50ETF 和 300ETF 期权账户后，就可以拿交割单去开通商品期权账户了，所以投资者要做好相应的资金准备。

（3）相关经验

如果具备以下两个方面的经验再来做期权，就再好不过了。

① 投资股票的经验。股票做得好的人对指数、板块、个股、基本面会有比较详细、客观、全面的了解，盘感也比较好，再来操作 50ETF 期权会非常容易。

② 投资期货的经验。期货投资者在交易纪律、止盈/止损、资金管理、日内操作、多空观点、程序化交易方面有优势。

2. 期权试水

（1）模拟交易和开户

在做好上述准备工作后，就可以联系证券公司或期货公司进行模拟交易和开户了，模拟 50ETF 期权交易要有 6 笔不同方向的交易，模拟交易商品期权需要连续操作 10 个交易日，且包括行权操作。笔者建议多做几笔交易，以熟悉各种操作，找到亏损和盈利的感觉。

目前期权的开户手续比较烦琐，要先进行相关考试，通过考试后还有审核、录像等手续，投资者可以趁行情不火热时开户。

（2）熟悉交易软件

期权交易软件界面比股票交易软件界面复杂得多，下面以 50ETF 期权交易软件为例。在 T 型报价界面有 4 个行权月，至少有 9 个行权价，还有认购、认沽两个交易方向，如图 1-13 所示。商品期权交易软件界面更复杂。投资者要熟悉交易软件，避免在实际操作时下错单子。

图 1-13 通达信软件期权 T 型报价界面

（3）用小仓位练单子

一些新手做期权交易不知道从哪里做起，一句话：从轻仓做起，从简单做起。

- 要有一笔单子来体会"做空也能赚钱"。
- 要有一笔盈利的单子来体会"原来杠杆这么大"。

- 要有一笔卖期权的单子来体会"原来卖方赚钱挺轻松的"。

- 要有一笔卖期权亏损的单子来体会"卖期权亏起来那么快"。

- 要有一笔买入虚值期权的单子,一直持有到期且归零,来体会"原来真的可以到期归零,幸好当初没满仓"。

- 要有一次"在波动率高位买期权,做对了方向却没有赚到钱"的经历。

以上单子,一定要轻仓,哪怕 1 张也可以。必要的痛一定要经历,在痛的时候问自己"如果这些单子是重仓的会怎样"。

在初始投资时,可以根据自己对行情的判断,将远月合约与近月合约适当搭配,用近月合约感受期权对短期市场变化的敏感,用远月合约树立中线意识,且不会一个月就亏完本金,可以有时间在不断变化的行情中调整交易思路。

(4)有利润后适当加仓

在熟悉了一些标的物的走势、了解了期权的特点、赚得一定的利润后,如果标的物的价格趋势能继续保持,就可以适当加仓,但不要一次加太多。

(5)常用的期权策略

常用的期权策略有看涨-买入认购、看跌-买入认沽、看不涨-卖出认购、看不跌-卖出认沽、持有标的增厚收益-备兑开仓、看小涨/慢涨-牛市价差、看小跌/慢跌-熊市价差。

3. 新手误区

(1)爱买虚值期权。有些新手在刚入场时,不分析市场行情,也不考虑实际情况,就喜欢买虚值期权,甚至重仓买入,最后因虚值期权归零而

（2）喜欢重仓。一般来说，如果投资者手上的资金不多，且刚开户，那么在开始试水期权权利仓时，最好只用 1 万元左右试水。在多次试水、验证策略是正确的以后，再适当增加资金投入。

（3）对抗趋势。有些人是从股票投资转为期权投资的，所以喜欢抄底、逆趋势而操作，这种方法或许用在股票市场能够赚到钱，但用在期权投资里，最后持仓很可能会变成虚值，甚至归零。投资者应该及时调整策略或止损，也可以买入反向的期权做对冲，从而扭亏为盈。

（4）无限移仓。在期权价格上涨或下跌时无限向上移仓，买入较多量的虚值期权，如果期权价格继续上涨，则会获得额外利润，但是在一段时间内，标的价格的上涨或下跌往往是有限的，如果不断向上移仓，一旦碰到市场回调、反弹或波动率的急剧下降，就会被吞噬很多利润。

（5）长期持跨。买入跨式期权并不是在任何条件下都合适的，在短线交易中，投资者盼望着在涨上去时认购止盈，在跌下来时认沽止盈，不管怎样都赚钱，但实际上这样来回震荡的行情并不会时时存在。而且，加上波动率的变化和时间价值的损耗，在不涨、不跌时两边的期权可能都会亏损。

（6）止盈止损。在一个波段趋势里，分批止盈是对的，但是不要过早全部止盈和过早反向，在趋势不改时守住持仓量才有大利润。止损做起来更容易，但要有止损后再跟随趋势追回来的勇气。

（7）依赖心强。天天盼望着有高手指点，恨不得买哪个合约、什么时候买、什么时候卖，都由高手指点，自己不去钻研。即使亏损也不分行情，希望高手帮忙操盘，快速回本。但是在这样高杠杆的市场，哪有时刻都赚大钱的高手呢？高手更擅长行情判断、资金管理和控制回撤，并不是不会浮亏。路要靠自己走，才会安心。

4. 心理修炼

在同一波行情里，有人赚大钱，有人赚小钱，甚至有人亏钱，不同的操作有不同的结果，在投资操作的过程中，心理素质非常重要。

（1）盈利后怎么办

投资者在短期内赚取较多的利润，一定要弄清楚这些利润是通过自己分析研究后投资赚得的，还是刚好适应了市场走势赚得的。如果是前者，则可以发挥自身的技术优势，利用好期权所具有的超额收益及无论上涨、下跌、横盘都可以赚钱的特点，继续在市场中操作；如果是刚好适应了市场走势所赚得的，那就要冷静下来，思考这种操作是否可持续。

如果盈利丰厚，就要及时将大部分资金转出，万一行情转为不利，前面的盈利就变成了"竹篮打水一场空"。

（2）亏损后怎么办

在面对浮亏时，人们内心都是不好受的，但如果能做好资金管理，做好"投入即亏损"的打算，那么偶尔的亏损也是可以承受的。

如果亏损已发生，则应先判断是自己判断行情错误，还是期权合约选择错误，抑或是没止盈、没止损造成的，再结合行情继续做好资金管理，争取在今后的期权投资中赚回来。如果是卖方亏损，则应调整思路、滚动操作，不急不躁地把亏损挽回。

（3）坦然面对波动

期权是波动非常大的品种，一天上涨或下跌 50% 都非常正常。如何应对这样过山车似的涨跌？做好下面几点就会相对坦然一些。

① 期权权利方要控制好资金的投入，价格上涨或下跌 50% 对总资金来说所占比例不大，义务方则不要重仓卖出平值期权和实值期权。

② 优化持仓结构，如果判断标的方向比较困难，则可以用不同行权价的虚实期权构建一个进可攻、退可守的持仓组合。但对于短线操作和日内操作来说，不用那么麻烦，只需做好盯盘和止盈/止损。

③ 做好期权善后处理，当有巨大利润、害怕回撤又不想失去行情上行收益时，可以逐渐采取"收尾行动"，采用构建垂直价差或比率价差、买入反向合约做保护等方式。

④ 调整心态，逐渐习惯期权账户的巨大波动，平稳心态，让心脏变得强大，需要长时间的修炼。

1.6 期权与其他投资品种的对比

1.6.1 与股票对比

1. 期权具有"使用较少资金获得较大收益"的特点

无论是 50ETF 期权、商品期权还是未来可能推出的个股期权，都有"使用较少资金获得较大收益"的特点。比如，在中国股票市场，购买一手股票最少需要买 100 股，资金较少的投资者可能就无法参与一些价格较高的股票交易，而在期权市场，以目前的 300ETF 期权为例，买入同等数量的 300ETF，大概只要花 48 000 元，如果买入期权合约，价格就更便宜了。

2. 买方亏损可控

如果买现货（股票或 ETF），那么在下跌行情中，现货的损失会比较大，但如果买的是对应现货的认购期权，则亏损就相对可控，比如图 1-14 所示的 300ETF 购 12 月 4900 合约，图中从高点跌到现价的位置，大概跌了 2000 元，但对于这个合约来说，因为还没有到期，所以亏损额度有限。并且，当投资者想抄底某个标的时，如果用现货去抄底，那么亏损可能会比较大，但如果用认购期权抄底，则买方的风险是可控的，最大亏损也只是投入的本金。如果在较好的市场行情中想追涨，但又不敢继续加仓，则可以买入一定数量的认购期权，因为即使追涨失败，我们的实际亏损也是可以控制的。

图1-14　300ETF购12月4900合约走势

3. 到期时间

还是以图1-14为例，图中12月份合约距离到期还有65天，如果在接下来的行情中标的价格没有大幅波动，那么我们现在所看到的虚值合约都会逐渐归零，最后的结果是买方亏损。在合约到期后，即便后面的行情继续上涨，也和12月份的合约没有关系了。

所以，期限的存在对于买方来说是不友好的，但却是卖方的朋友。如果我们对时间判断得不精准，仅仅看好大的方向性趋势，能承受中间的波动，那么在这个过程中可以增加买入资金，并且结合卖方，也能获得一笔不菲的收益。

1.6.2 期权和期货的区别

期权和期货的区别如表 1-2 所示。

表 1-2 期权和期货的区别

名　　称	期　　权	期　　货
权利和义务	买方享有权利，无义务；卖方只承担履约的义务	买卖双方权利与义务对等
权利金	买方支付给卖方	无"权利金"这个要素
保证金制度	卖方需要缴纳保证金，买方无须缴纳保证金	买卖双方都需缴纳保证金
风险特征	买方与卖方都有一定风险，且双方风险不对等	买卖双方风险是对等的
套期保值的作用与效果	期权也能套期保值，对于买方来说，即使放弃履约，也只损失保险费，对其购买资金保了值；对于卖方来说，要么按原价出售标的，要么得到保险费，也同样保了值	期货的套期保值不是对期货，而是对期货合约的标的物进行保值，由于期货价格和现货价格的运动方向最终会趋同，故套期保值能实现锁定价格的效果
盈亏的特点	期权交易是非线性盈亏状态，买方的收益随市场价格的波动而波动，其最大亏损只限于购买期权的权利金；卖方的亏损随着市场价格的波动而波动，最大收益（买方的最大损失）是权利金	期货的交易呈线性盈亏状态，交易双方则都面临着无限的盈利和亏损

要注意的是，对于期权投资者来说，权利和义务是不对等的，期权的买方享有权利而没有义务，卖方只承担履约的义务。简单来说，如果认购期权权利方决定行权，义务方就必须去履行义务，将标的证券或期货合约与权利方进行交割。但是期货的买卖双方享受对等的权利和义务，当一方交割时，另一方必须履约。期权的权利金是买方支付给卖方的，类似于押金，而在期货中没有这个概念。

在保证金制度方面，期权的卖方需要缴纳保证金，这是为了防止期权的卖方无法及时有效地履行合约，而买方是不需要缴纳保证金的，投入的资金也相对较少。期货买卖双方都要缴纳保证金。

在风险特征方面，期权的买卖双方风险是不对等的。对于买方来说，最大的风险就是合约价值归零，不会被要求追加担保品或保证金；但是对于卖方来说风险是无限的，因为一旦行情没有按照预期的发展，就有可能出现比较大的亏损。期货买卖双方都需要缴纳保证金，所以他们的风险是对等的。

期货和期权相比，套期保值的作用和效果也不同。比如，在看涨行情中买认沽期权，如果标的价格上涨，认沽期权价值归零，那么对于买方来说最多损失保险费，也就是权利金，而对于卖方来说，要么按照合约价格出售，要么得到权利金。期货的套期保值从本质上来说是对期货合约标的进行套期保值，因为期货价格和现货价格的运动方向最终会趋同，故套期保值能实现锁定价格的目的。如果期货合约在上升行情中开了空单，同时持有现货，那么在标的行情不断上涨时，空单部分就会不断亏损，而现货部分则会不断盈利。

1.7 做市商

在股票交易中，盘口中的单子是真真切切存在的，或者说盘口中的单子都是由投资者所挂出的。但是在期权交易中，盘口中的单子有一些是做市商所挂的。

什么是做市商呢？做市商就是为市场提供双边报价（持续报价、回应询价）服务的机构。做市商的英文是 Market Maker，简称 MM，其同时挂出买单报价和卖单报价，被动成交，在头寸上会自动对冲，且尽量保持方向上的中立，主要赚取买卖价点差。做市商有为市场提供流动性的义务，其装备精良，无论我们是做买方还是做卖方，当市场上挂出的单子没有那么多时，就会有做市商来促进成交，满足投资者的需要。所以在期权市场上，我们不用担心市场完全没有报价的情况出现。

为什么要引入做市商呢？主要是因为期权合约种类繁多，导致期权交易非常分散，需要做市商来活跃市场的交易，尤其是在期权交易初期，存在一定程度上的卖方缺位或订单不平衡的现象，而做市商可以作为交易对手，为期权市场提供机会，活跃市场。同时，影响期权价格的因素太多，容易产生定价不合理的现象，通过做市商制度可以使市场的价格趋于合理。一般来说，做市商参与主体主要是证券公司和期货公司。

做市商有自己的定价模型，其判断隐含波动率在什么区间是合理的，即判断什么样的买卖价格是合理的，然后在合理价格之上抬高价格再挂到市场给人成交。当市场行情变动快速时，可以做大量报单、撤单，再搭配其所用的系统的速度优势，如此来赚取点差利润。

做市商在大行情的突袭下，如果对冲风控做得不好，也很容易亏损。对于一般的期权投资者来说，不用对其考虑太多，其实他们就是保证你在交易时至少还有对手方，只是他们所挂的价格高了一点。

那么，如何看出做市商的操作呢？

如图1-15所示，在远月实值期权报价中大多是1张合约，但如果挂出的单子数量比较多的话，就会引来做市商和我们交易。

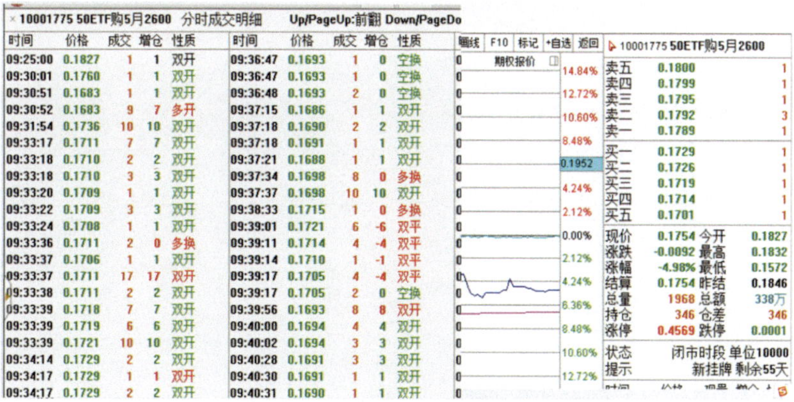

图1-15　期权挂单与成交

做市商的挂单一般是整数，比如 1 张、5 张、10 张等，如图 1-16 所示是白糖与橡胶期权挂单。

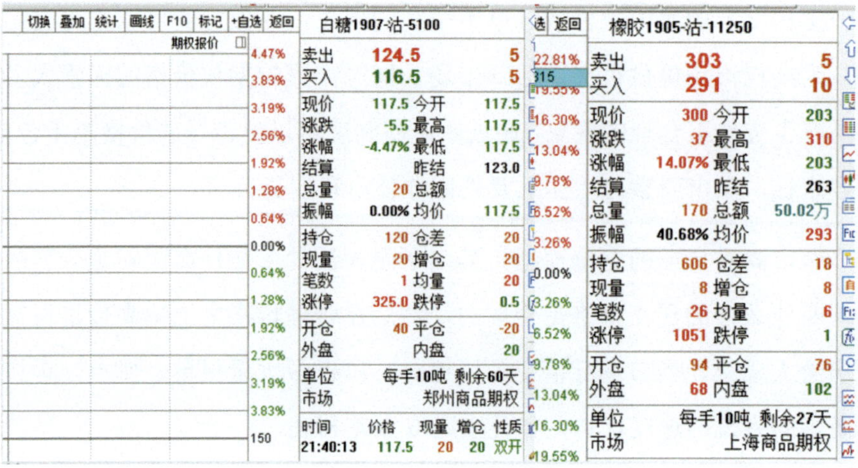

图 1-16　白糖与橡胶期权挂单

在交易中，做市商更像投资者的交易伙伴，与投资者是共生共存的关系，因为他们始终在默默地为交易市场提供流动性。在操作中，投资者不要下太多的单子，可以将委托单子拆分，与做市商的报价单相匹配，尽可能减少价差，尤其是在成交量较小的远月合约、股指期权、实值期权和商品期权合约中，这样可以有效减少由于交易点差所付出的成本。

第 2 章

期权实务操作

2.1 期权开户与交易前的注意事项

下面我们来看一下期权投资的开户流程与交易前的注意事项。

1. 开户流程

开期权账户需要三方面的准备：资金、经验和模拟。50ETF 和 300ETF 期权开户条件如下。

（1）需要开立一个证券账户，在沪市有交易记录且满 6 个月。

（2）成功开通融资融券或者股指期货的交易账户。

（3）开通了模拟期权账户，交易不低于 10 笔，并且通过了上海证券交易所规定的模拟考试。

（4）在开通期权账户的前 20 个交易日，账户内的日均资产不低于 50 万元。

要投资商品期权，还要符合商品期权适当性认定标准（如图 2-1 所示），具体如下。

（1）期权开通权限前连续 5 个交易日结算后可用资金余额均不少于 10 万元。这里所说的资金仅限投资者"期货保证金账户"上的资金，可用资金为未被持仓占用的部分，以结算账单为准，依据以公司保证金为准。

（2）具备期货、期权基础交易知识，通过交易所认可的知识测试。

（3）交易所认可的累计 10 个交易日、20 笔及以上的期权仿真交易成交记录。

（4）交易所认可的期权仿真交易行权记录。

（5）无禁止或者限制从事期货和期权交易的情形。

在商品期权中有一些可以豁免的客户，比如特殊法人、做市商、有期权实盘经历的客户（3 年内）。自 2017 年 12 月 8 日起，境内交易所中的各期权品种之间的实盘成交记录可相互证明，上证 50ETF 期权交易结算单应同时具有买入和卖出开仓（不包括备兑）的交易记录。

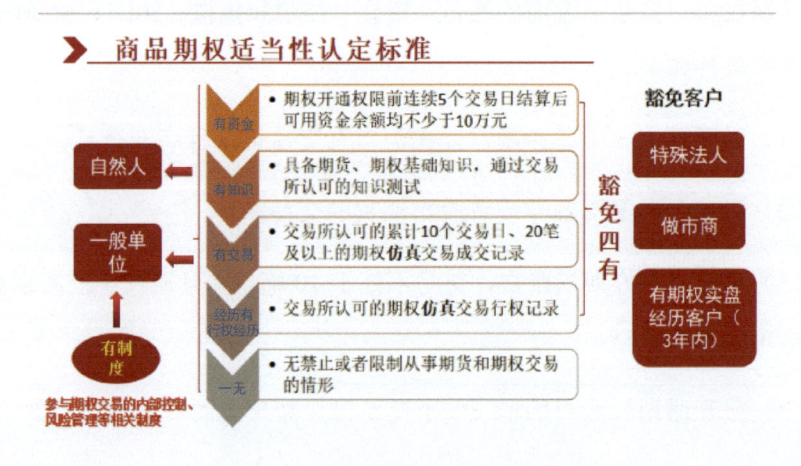

图 2-1　商品期权适当性认定标准

2. 交易注意事项

当开通期权账户之后，在正式交易时还需要注意以下事项。

（1）确定对市场的看法

对市场的看法就是对当前的市场是看多、看空，还是看横盘。如果是看多，则可以选择用买入认购或者卖出认沽来操作；如果是看空，则可以选择用买入认沽或者卖出认购来操作；如果是看横盘，则可以做双卖或者卖出任意方向的虚值期权。

（2）确定是做买方还是做卖方

首先要看自己资金量的大小，如果只投入了几千元，那么做卖方能开的手数非常少，所以做买方更合适。其次看所追求的获胜概率，一般来说做卖方获利的概率会大一些，但是风险也大，如果碰到极端行情，做卖方的风险就要远远大于做买方的风险。最后看我们对市场的看法，是通过做买方来表达还是通过做卖方来表达。

（3）确定所要选择的合约

在正式交易时必须确定所要选择的合约是虚值、实值还是平值。如图 2-2 所示，标的 50ETF 价格是 2.863 元，5 月份平值期权的行权价是 2.85 元。对于认购期权来说，低于 2.85 元的合约是实值期权，高于 2.85 元的合约是虚值期权；对于认沽期权来说，高于 2.85 元的合约就是实值期权，低于 2.85 元的合约就是虚值期权。一般来说，买方会选择平值附近的期权来操作，卖方可以根据不同的情况来选择是卖实值还是卖虚值。如果资金量比较大，则可以考虑按照一定的比例把虚值合约和实值合约都买一些，构成一个合约的矩阵，这样既保证了差异化，又可以在一定程度上减小波动，更好地构建符合自己预期的策略。

图 2-2 期权的 T 型报价

（4）确定了结方式

买入的期权最后都要进行了结，比如买入开仓所对应的了结方式是卖出平仓，卖出开仓所对应的了结方式是买入平仓（如图 2-3 所示）。如果做了买入开仓，那么也可以用卖出开仓来做了结，因为当日终结算时，在买入这个合约的同时又卖出这个合约，账户就会进行自动对冲，这样就不会在持仓中显示了，而且用卖出开仓这种方法节省了手续费。同样，卖出开仓可以用买入开仓来进行对冲和了结，虽然这种操作从本质上来说和买入平仓是一样的，但是由组合策略和备兑策略锁定的部分不会被对冲。

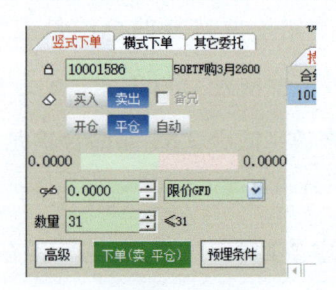

图 2-3 期权的开仓与平仓方式

（5）期权有限仓限额制度

在操作 50ETF 期权的时候会遇到这种情况：当行情合适的时候买入了期权，赚取很多利润，过一段时间卖出平仓，等再想把卖出的期权买回来时，发现已经与卖出时的金额不同了，这是因为在市场中针对期权有限仓和限额制度（如表 2-1 所示）。限仓和限额制度其实是对投资者的一种保护，因为个股期权日内的振幅非常大，通过这种强制性限制，可以有效地帮助投资者控制风险。

表 2-1 50ETF 限仓限额制度

限仓限额	情形	条件	权利仓持仓限额（张）	总持仓限额（张）	单日买入开仓限额（张）
限仓	情形一	新开立合约账户	20	50	100
	情形二	（1）合约账户开立满1个月 （2）期权合约成交达到100张	1000	2000	4000
	情形三	（1）合约账户开立未满1个月且具备交易权限为三级权限 （2）期权合约成交达到100张	1000	2000	4000
	情形四	（1）风险承受能力属于C4（含）以上 （2）期权合约成交达到500张 （3）在我司自有资产超过100万	2000	4000	8000
	情形五	（1）风险承受能力属于C4（含）以上 （2）期权合约成交达到1000张 （3）在我司自有资产超过500万	5000	10000	10000（提前一天报备）
限额	情形一	个人开户默认申请买入额度	个人投资者托管在其委托的期权经营机构的证券市值与资金账户可用余额（不含通过融资融券交易融入的证券和资金）的10%；		
	情形二	（1）风险承受能力属于C4（含）以上 （2）具备期权三级交易权限	申请买入额度不得超过该客户托管在我司的自有资产的20%		
	情形三	权利仓持仓限额已达到2000张	申请买入额度不得超过该客户托管在我司的自有资产的30%		

2.2 期权软件看盘与交易界面

很多人在开通期权账户后，发现期权软件的操作界面和报价方式与股票交易软件的操作界面和报价方式有很多不同，下面通过几个常用的软件来讲解期权软件的使用方法。

1. 汇点软件

汇点软件由上海澎博财经资讯有限公司开发，是常见的期权交易软件之一，其 T 型报价界面如图 2-4 所示。汇点软件的交易界面与我们通常看到的股票软件的交易界面不一样，一般，我们会看股票的自选股，将自选股进行并列显示。使用汇点软件主要看期权的 T 型报价，T 型报价按照期权的行权价从低到高排列，并且把认购界面放在行权价的左边，把认沽界面放在行权价的右边。通常，大家在讨论期权时并不说期权的代码，而是直接说合约的名称，包含合约的各个要素，比如"50ETF购5月2600"。

下面以图2-4为例介绍期权报价界面。单击界面左上角的"行情"按钮，这时界面中间显示的是行权价格。在右边的认沽界面中："最新"是相应合约的最新价格；"幅度%"是合约价格的涨跌幅度；"涨跌"是指合约价格的涨跌变化，用百分比来表示；"买价"即买入合约价格；"卖价"即卖出合约价格；"总量"是当天的成交量；"持仓量"是该合约当前的未平仓数量，单位是张。

图2-4　汇点软件界面

单击"指标"按钮，显示的指标界面如图2-5所示，有时间价值、内在价值、历波%、隐波%等。

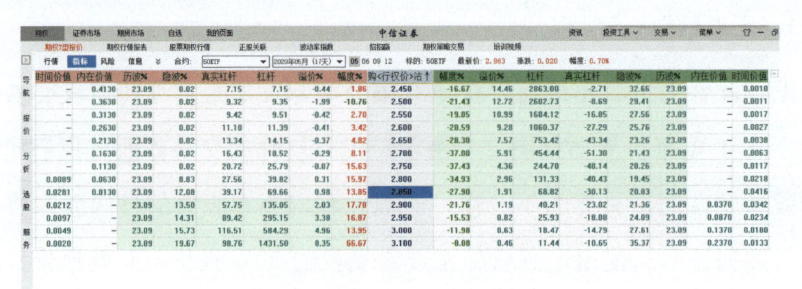

图2-5　T型报价的指标界面

单击"风险"按钮，显示 T 型报价的风险界面，如图 2-6 所示。在该界面中会显示与期权相关的 Vega、Theta、Rho、Gamma、Delta 5 个参数，这些是对期权进行风险管理和敞口控制的关键指标。

图 2-6　T 型报价的风险界面

单击"信息"按钮，显示 T 型报价的信息界面，有期权到期日、行权终止日、行权方式、合约单位等，如图 2-7 所示。行权终止日是每个月第四个星期三，行权终止日和期权到期日是一样的。

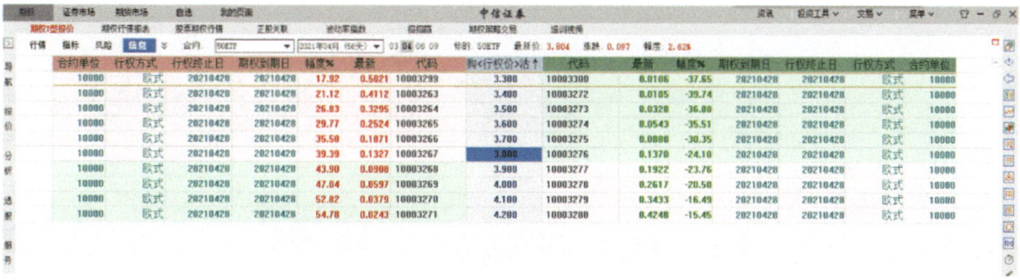

图 2-7　T 型报价的信息界面

下面看一下期权分时图，如图 2-8 所示。在期权分时图中将 T 型报价中的一些信息做了展示。另外，分时图中还包含其他信息，比如"现手"是当前最新的一单成交了多少手，"昨结"是昨日结算价格，"持仓"是期权合约现有持仓的数量，"仓差"即相对于前一天的持仓数量是增加了还是减少了，"外盘"是主动性买盘，"内盘"是主动性卖盘。

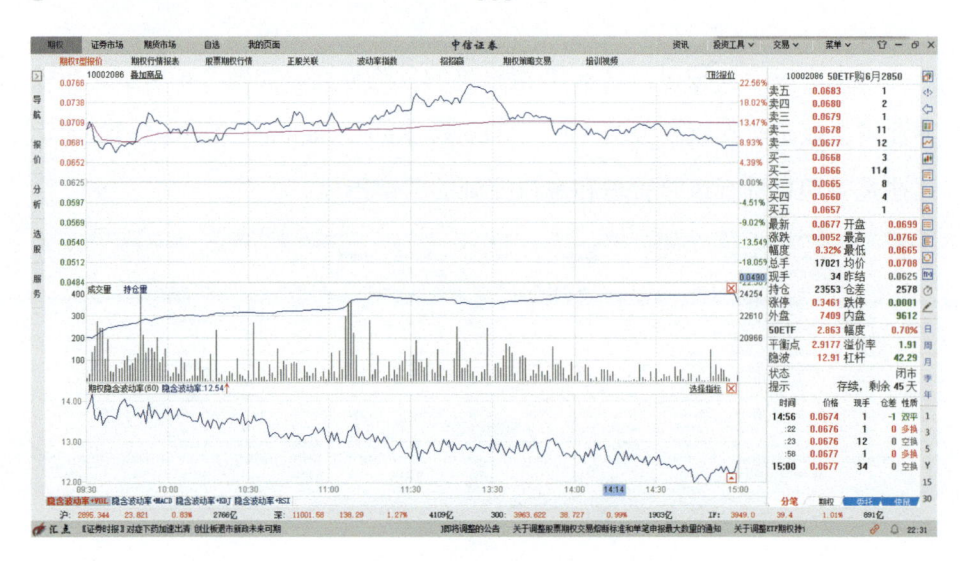

图 2-8　期权分时图

期权软件中的日 K 线图，如图 2-9 所示。

图 2-9　期权软件中的日 K 线图

期权软件中有波动率指数，可以显示该合约的隐含波动率和历史波动率，可以单独选择波动率指数来查看不同波动率之间的变化，如图 2-10 所示。

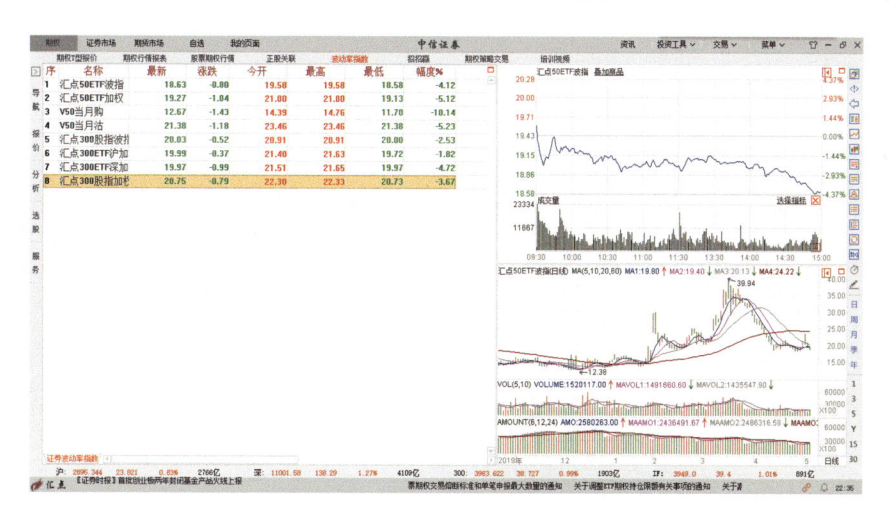

图 2-10　期权的波动率指数

在期权投资中有很多交易策略，可以根据观点来构建策略，并进行盈亏分析，如图 2-11 所示。

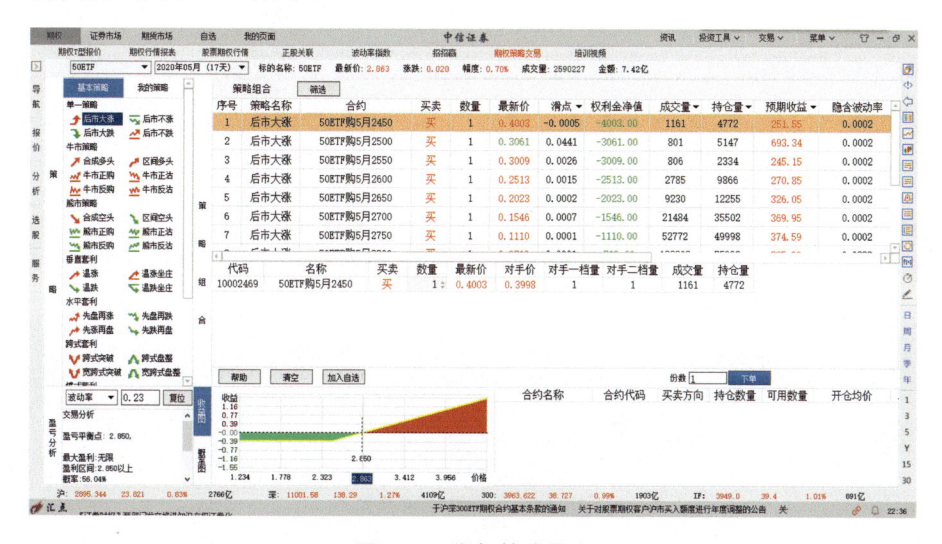

图 2-11　期权策略界面

在选择合约后，可以通过软件中的"期权卖方分析"功能计算盈亏概率等，还可以设计标的价格变化和波动率价格变化来计算风险，如图 2-12 所示。

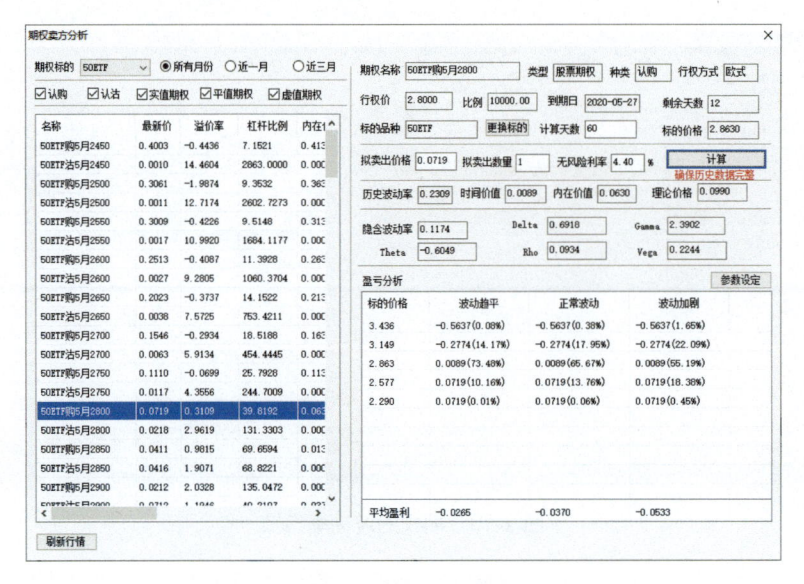

图 2-12　期权卖方分析

如图 2-13 所示为期权交易界面，最左边是功能区，包括交易、当日委托、当日成交等；交易界面的中间区域是下单区，有开仓、平仓、备兑、买入和卖出等功能。交易界面右边区域的上方是持仓区，显示投资者现在持有哪些仓位，下方是委托/成交区。

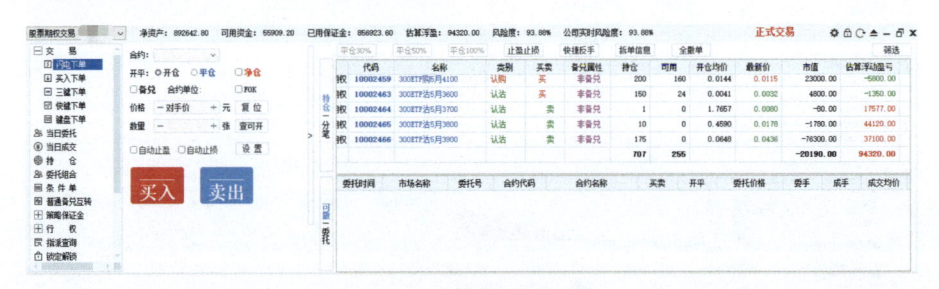

图 2-13　期权交易界面

"设置止损止盈"对话框如图 2-14 所示。注意，如果单子张数比较多的话，止损止盈线就很容易穿过止损止盈价格，导致无法按照所设置的实行，而且 50ETF 和 300ETF 的止损止盈设置只在当天有效，并不是一直有效。

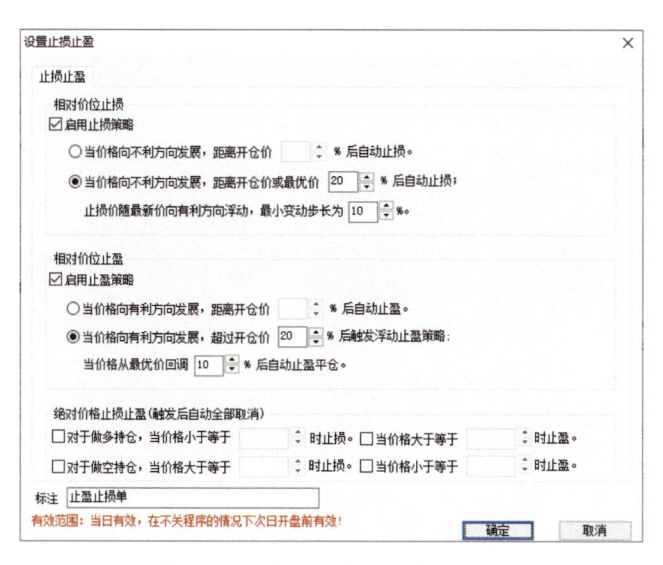

图 2-14 "设置止损止盈"对话框

"参数设置"对话框如图 2-15 所示。其中比较重要的是自动拆单功能，交易所规定每单最多只能委托 50 张期权，如果需要委托的期权张数比较多，则可以选择自动拆单。当一次下单张数比较多时，可以通过软件进行拆单操作，而不用每次都手动操作。

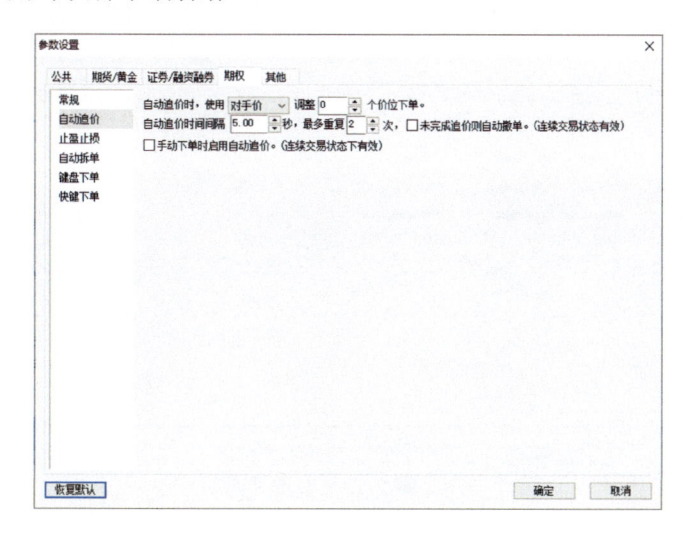

图 2-15 "参数设置"对话框

可以用键盘设置一些热键，使用组合键"Ctrl+X"来唤醒该功能。完全可以根据自己的操作习惯来设置，如图 2-16 所示为设置的键盘下单功能。

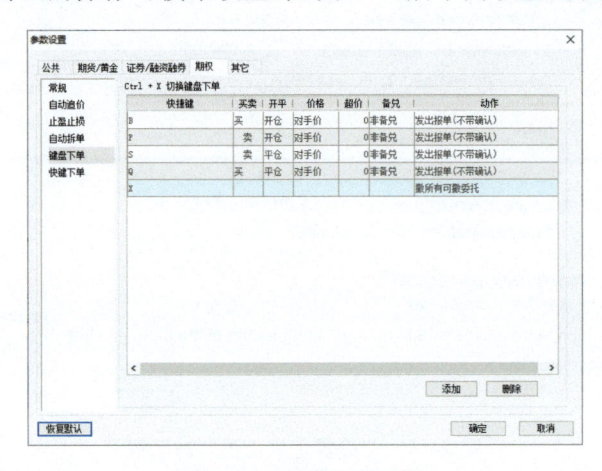

图 2-16　键盘下单功能

在查询界面，可以查看资金状况、历史结算单、欠资欠券、历史对账单、持仓限额等情况，如图 2-17 所示。

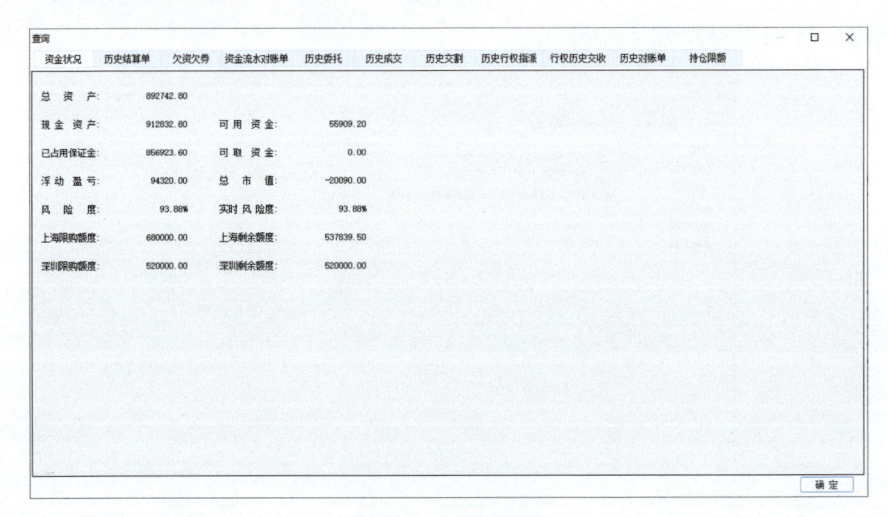

图 2-17　查询界面

2. 通达信软件

通达信软件由深圳市财富趋势科技股份有限公司开发，在通达信软件有中信至信期权专版、平安证券慧赢期权专版等。通达信软件界面如图 2-18 所示，在最下方板块栏目中选择"期权"。

图 2-18　通达信软件界面

进入期权看盘界面，通达信软件的优势是可以将所有的期权对应的标的一次性进行显示，包含标的及其分时图、T 型报价、标的 K 线、买卖盘口及其分时图等，如图 2-19 所示。

图 2-19　通达信软件期权看盘界面

如图 2-20 所示为通达信期权软件 T 型报价界面，可以根据自己的需求设置自选栏目。

图 2-20　通达信期权软件 T 型报价界面

如图 2-21 所示为期权策略交易界面，也可以显示期权的损益图，并且可以加上自定义策略，比如常见的跨式、鹰式、蝶式等策略。

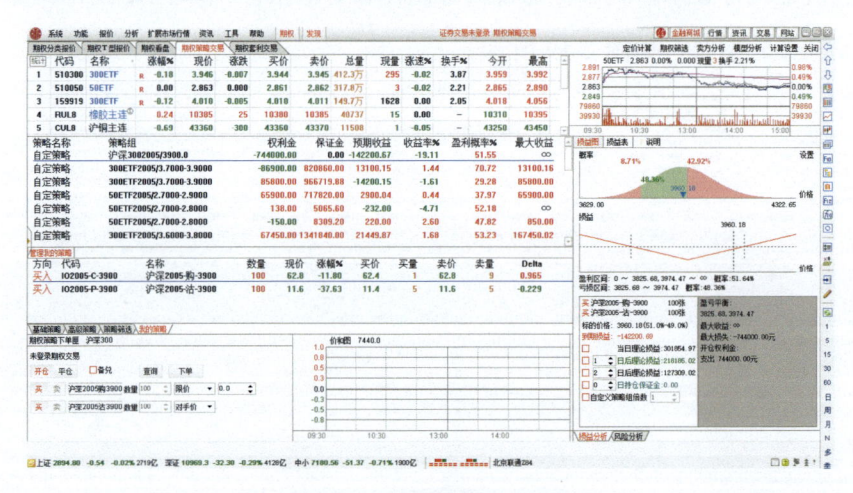

图 2-21　期权策略交易界面

如图 2-22 所示为通达信账户登录界面，在该界面中，左边是交易区，中间是持仓区，委托成交区在右边，该界面比较简洁，且可以多账户登录。

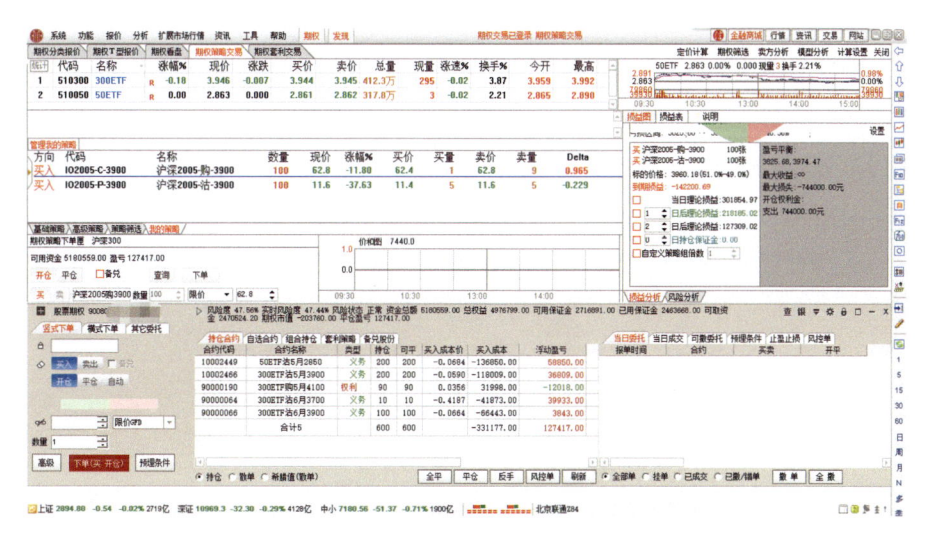

图 2-22 通达信账户登录界面

3. 咏春软件

咏春软件由艾扬软件（上海）有限公司开发，这款软件与前面介绍的两款软件的不同是，可以将盈亏图显示出来，且投资者可以根据自己的想法构建策略，比较方便，如图 2-23 所示。咏春软件研发团队有十几年期权交易经验，咏春软件以易学、易用、易上手为特色，为广大投资者提供多种期权策略，投资者可利用该软件进行盈亏、概率、风险分析，以达到快速上手期权交易的目的。

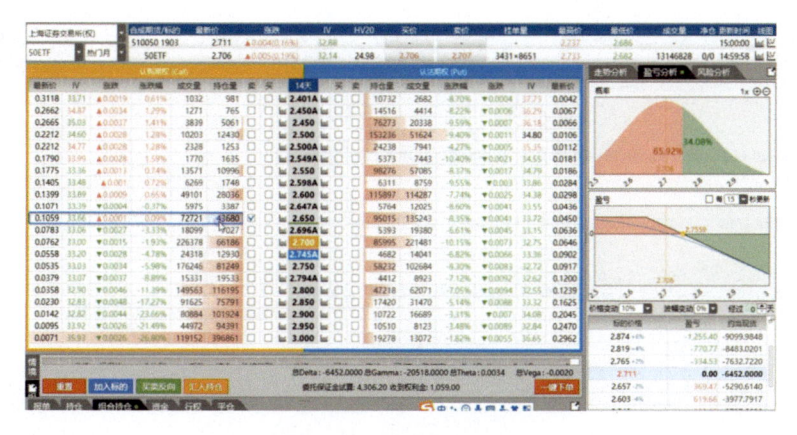

图 2-23 咏春软件界面

咏春软件除提供下单的盈亏分析外，还提供持仓的盈亏分析，投资者通过咏春软件可以实时监控持仓的总 Greeks（希腊）值，并且结合下单策略，了解组合的盈亏（如图 2-24 所示）。同时，该软件还提供传统技术指标和专用指标，例如标的物 IV、历史波动率、Put Call Ratio 等。

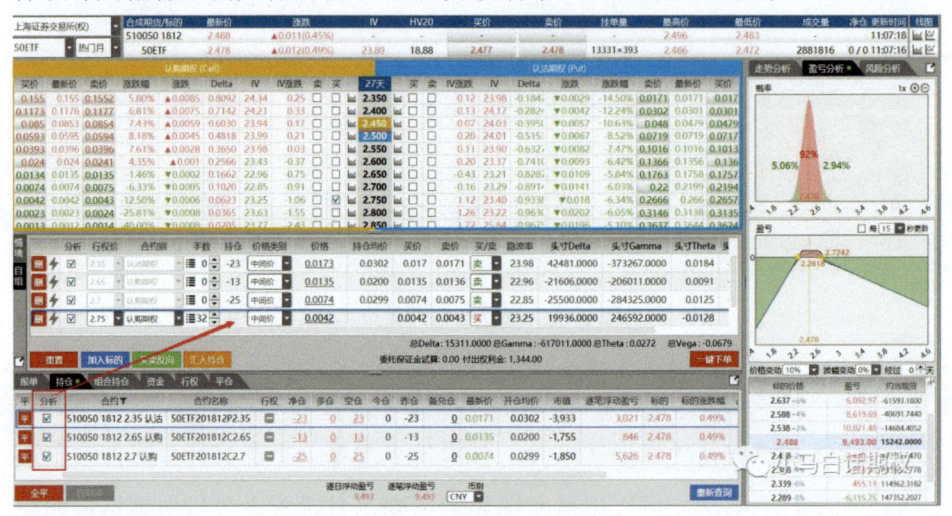

图 2-24　组合盈亏分析

咏春软件中的期权矩阵，可以一次监控全市场跨商品、跨月的期权波动率变化、时间价值等，可以一次下单大量的期权多行权价合约，如图 2-25 所示。

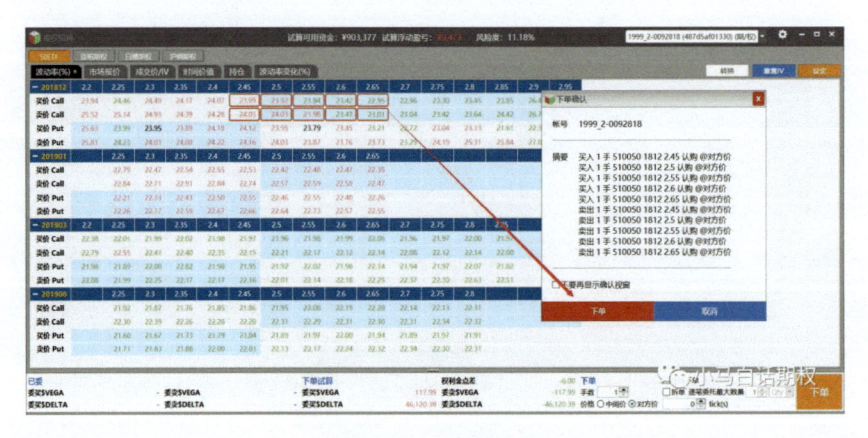

图 2-25　矩阵下单

· 46 ·

4．移动互联网版本的汇点软件

移动互联网版本的汇点软件有两个界面：一个是下单界面（如图 2-26 所示），包括交易方向、持仓等；另一个是交易设置界面（如图 2-27 所示），投资者可以根据自己的操作习惯和资金量进行设置。

图 2-26　移动互联网版本的汇点软件下单界面　　图 2-27　移动互联网版本的汇点软件交易设置界面

2.3　期权交易基本规则

很多从股票市场转过来做期权的投资者，在看到让人眼花缭乱的期权策略和交易界面时会感觉非常不习惯，没关系，我们一步一步来学习。本节将讲解期权交易的基本规则。

1．交易指令

（1）报价方式

期权的报价方式有很多种，比如限价 GFD、限价 FOK 全成或撤、对方最优价格、本方最优价格、即时成交剩撤等，如图 2-28 所示。下面仅对以上几点做具体讲解。

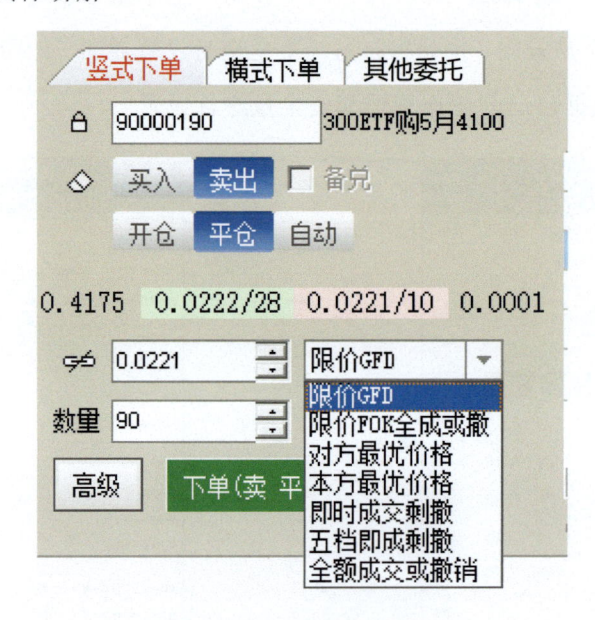

图 2-28　期权报价方式

限价 GFD：以具体的价格来确定委托价格。

限价 FOK 全成或撤：比如按照某一价格挂单 100 张，要么全部按照这个价格成交，要么全部撤单。

对方/本方最优价格：比如期权买方，对方最优价格即为卖 1 价，本方最优价格即为买 1 价。

即时成交剩撤：如果我们委托 100 张期权，委托价格为 222 元/张，此时市场上只能成交一张，那么剩余的委托就进行撤单处理。

（2）开仓、平仓、持仓

开仓：又叫建仓，说明期权投资者启动了期权交易，无论是买入开仓、卖出开仓，都是建立了一个头寸。

第 2 章　期权实务操作

平仓：又叫对冲，指投资者买入或者卖出与目前所持有头寸方向相反的合约，分为买入平仓和卖出平仓。

持仓：目前账户中所有的头寸。

2．期权加挂

期权合约的加挂方式分为以下三种。

- 到期加挂，比如 2 月结束后，就自动加挂 3 月和 4 月的合约。

- 被动加挂，当标的有一定涨跌幅度后，为了保持认购或认沽都有四档虚值合约，要加挂相应的合约。

- 分红加挂，50ETF、300ETF 一般在每年的 12 月进行一次分红，分红会导致行权价有所变动。如图 2-29 所示，合约名称前面带 A 的就是分红后的，原来的合约更改了行权价，但价格不变，只是合约单位有变化。

图 2-29　2020 年 6 月分红后的合约

每一个新合约的参考开盘价都是根据 B-S 公式计算出来的，但从本质上来说，期权的价格依然是在市场上交易后形成的。

一般，50ETF 的结算价是前一日的收盘价，但是在实际交易时，若最新价格低于内在价值，则在当日收盘时会以内在价值作为结算价格，一般出现在贴水、时间价值为负的实值期权上，如图 2-30 所示。商品期权的结算价是根据商品期货结算价的相关条款进行计算的。需要注意的是，商品期权的结算价比较低，很高倍数的虚值期权的涨幅往往是不准确的，所以成交价比结算价低很多。

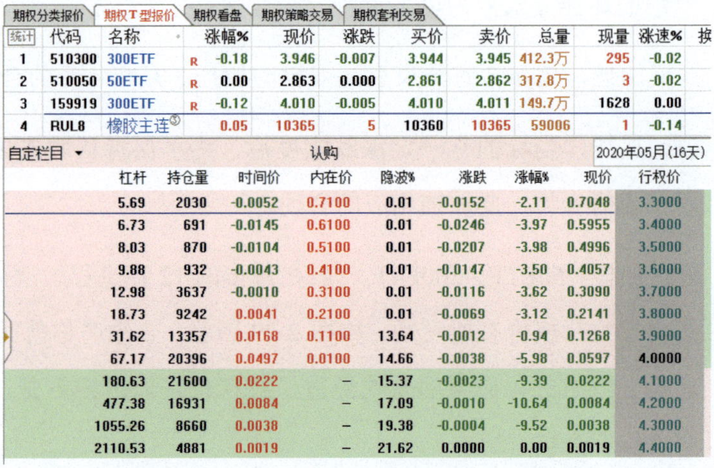
期权分类报价 | 期权T型报价 | 期权看盘 | 期权策略交易 | 期权套利交易

统计	代码	名称		涨幅%	现价	涨跌	买价	卖价	总量	现量	涨速%	换
1	510300	300ETF	R	-0.18	3.946	-0.007	3.944	3.945	412.3万	295	-0.02	
2	510050	50ETF	R	0.00	2.863	0.000	2.861	2.862	317.8万	3	-0.02	
3	159919	300ETF	R	-0.12	4.010	-0.005	4.010	4.011	149.7万	1628	0.00	
4	RUL8	橡胶主连③		0.05	10365	5	10360	10365	59006	1	-0.14	

自定栏目 ▾ 认购 2020年05月(16天)

杠杆	持仓量	时间价	内在价	隐波%	涨跌	涨幅%	现价	行权价
5.69	2030	-0.0052	0.7100	0.01	-0.0152	-2.11	0.7048	3.3000
6.73	691	-0.0145	0.6100	0.01	-0.0246	-3.97	0.5955	3.4000
8.03	870	-0.0104	0.5100	0.01	-0.0207	-3.98	0.4996	3.5000
9.88	932	-0.0043	0.4100	0.01	-0.0147	-3.50	0.4057	3.6000
12.98	3637	-0.0010	0.3100	0.01	-0.0116	-3.62	0.3090	3.7000
18.73	9242	0.0041	0.2100	0.01	-0.0069	-3.12	0.2141	3.8000
31.62	13357	0.0168	0.1100	13.64	-0.0012	-0.94	0.1268	3.9000
67.17	20396	0.0497	0.0100	14.66	-0.0038	-5.98	0.0597	4.0000
180.63	21600	0.0222	–	15.37	-0.0023	-9.39	0.0222	4.1000
477.38	16931	0.0084	–	17.09	-0.0010	-10.64	0.0084	4.2000
1055.26	8660	0.0038	–	19.38	-0.0004	-9.52	0.0038	4.3000
2110.53	4881	0.0019	–	21.62	0.0000	0.00	0.0019	4.4000

图 2-30　时间价值为负的深度实值认购期权

ETF 期权在交易日早上 9:15 开始集合竞价，在 9:30 开始集中竞价，买卖双方可以在买卖盘口中下单，在 14:57（收盘前）进入集合竞价。商品期权交易时间和期货交易时间一致，即早上 9 点开盘，晚上 9 点开始夜盘交易。期权的熔断机制和股票的熔断机制不同，熔断指价格在上涨或下跌达到或超过前一次集合竞价的 50%时，会暂停交易三分钟。熔断在一些末日期权或大行情中经常出现，设立这个制度的初衷是，交易所希望投资者能在熔断期间冷静一下，仔细思索自己的交易行为。如图 2-31 所示，图中的认沽期权价格很低，只要行情稍微有涨跌，就可能触及前一次集合竞价的 50%，所以当天发生多次熔断。

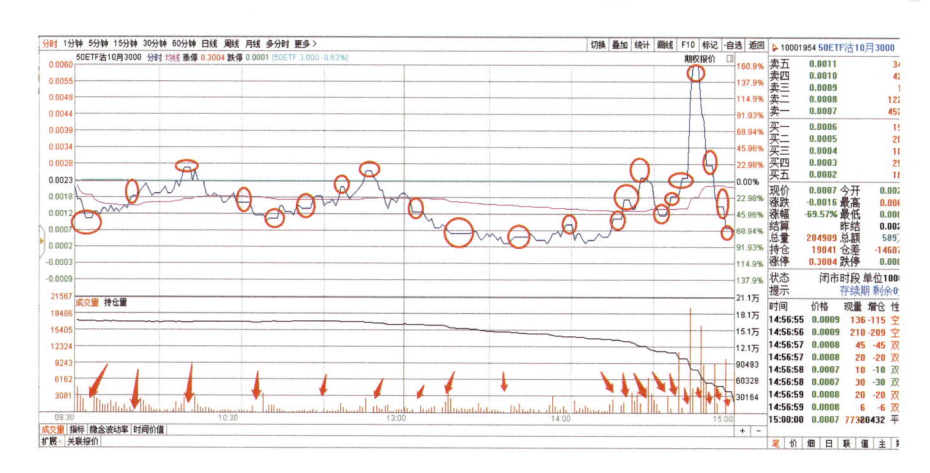

图 2-31　50ETF 沽 10 月 3000 走势

3．期权合约了结与行权

（1）期权合约了结

卖出平仓：持有权利仓的合约所对应的平仓了结方式。

买入平仓：持有义务仓的合约所对应的平仓了结方式。

归零放弃：即使合约的价格接近 0，权利方和义务方也可不理会，等待该合约价格归零放弃即可。

（2）行权

认购期权权利仓行权，即以约定的行权价买入标的；认沽期权权利仓行权，即以约定的行权价卖出标的；义务方被行权，方向与权利方相反。

（3）对未平仓与未行权的期权的处理

50ETF 期权可以进行代理行权、垫资行权或作废。注意，作为到期期权买方，在进行到期合约结算时，无论账户上浮盈有多少，一旦不行权或不在结算前平仓，合约就都会被作废。虚值期权如果没有做好止损，在到期日时价格会最终归零，可以选择在到期之前进行平仓，或者直接持有到期归零。

商品期权、股指期权的实值期权会自动行权，前提是需要有足够的资金。

2.4 期权的权利金与保证金

很多投资者都对期权的权利金和保证金有疑惑，下面就针对这两方面进行详细介绍。

1. 权利金

（1）权利金=期权买方的价格

可以将权利金简单地看作期权的单价×合约单位。如图 2-32 所示，“50ETF 购 5 月 2800”合约的现价是 0.0364 元，再乘合约单位 10 000，每张期权的权利金就是 0.0364 元×10 000=364 元。

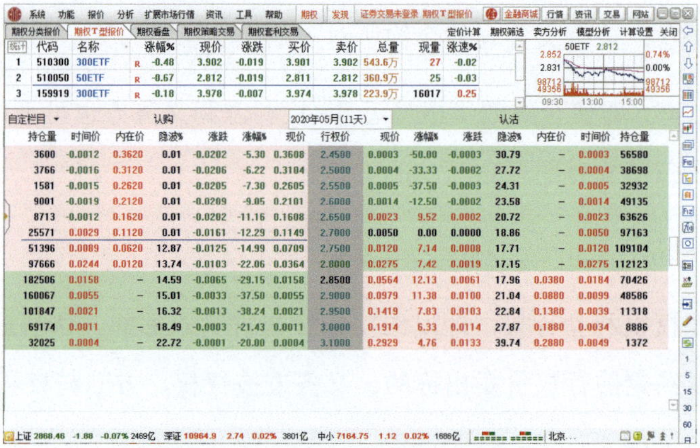

	代码	名称	涨幅%	现价	涨跌	买价	卖价	总量	现量	涨速%
1	510300	300ETF	R -0.48	3.902	-0.019	3.901	3.902	543.6万	27	-0.02
2	510050	50ETF	R -0.67	2.812	-0.019	2.811	2.812	360.9万	25	-0.03
3	159919	300ETF	R -0.18	3.978	-0.007	3.974	3.978	223.9万	16017	0.25

持仓量	时间价	内在价	隐波%	涨跌	涨幅%	现价	行权价	现价	涨幅%	涨跌	隐波%	内在价	时间价	持仓量
3600	-0.0012	0.3620	0.01	-0.0202	-5.30	0.3608	2.4500	0.0003	-50.00	-0.0003	30.79	–	0.0003	56580
3766	-0.0016	0.3120	0.01	-0.0206	-6.22	0.3104	2.5000	0.0004	-33.33	-0.0002	27.72	–	0.0004	38698
1581	-0.0015	0.2620	0.01	-0.0205	-7.30	0.2605	2.5500	0.0005	-37.50	-0.0003	24.31	–	0.0005	32932
9001	-0.0019	0.2120	0.01	-0.0209	-9.05	0.2101	2.6000	0.0014	-12.50	-0.0002	23.58	–	0.0014	49135
8713	-0.0012	0.1620	0.01	-0.0202	-11.16	0.1608	2.6500	0.0023	9.52	0.0002	20.72	–	0.0023	63626
25571	0.0029	0.1120	0.01	-0.0161	-12.29	0.1149	2.7000	0.0050	0.00	0.0000	18.86	–	0.0050	97163
51396	0.0089	0.0620	12.87	-0.0125	-14.99	0.0709	2.7500	0.0120	7.14	0.0008	17.71	–	0.0120	109104
97666	0.0244	0.0120	13.74	-0.0103	-22.06	0.0364	2.8000	0.0275	7.42	0.0019	17.15	–	0.0275	112123
182506	0.0158	–	14.59	-0.0065	-29.15	0.0158	2.8500	0.0564	12.13	0.0061	17.96	0.0380	0.0184	70426
160067	0.0055	–	15.01	-0.0033	-37.50	0.0055	2.9000	0.0979	11.38	0.0100	21.04	0.0880	0.0099	48586
101847	0.0021	–	16.32	-0.0013	-38.24	0.0021	2.9500	0.1419	7.83	0.0103	22.84	0.1380	0.0039	11318
69174	0.0011	–	18.49	-0.0003	-21.43	0.0011	3.0000	0.1914	6.33	0.0114	27.87	0.1880	0.0034	8886
32025	0.0004	–	22.72	-0.0001	-20.00	0.0004	3.1000	0.2929	4.76	0.0133	39.74	0.2880	0.0049	1372

图 2-32　50ETF 期权 T 型报价

因为不同品种的期权合约的单价不同，合约单位也不同，所以每张合约的价格就不同。一般，豆粕、白糖的合约单位是 10 吨，黄金的合约单位是 1000 克，棉花、铜的合约单位是 5 吨，天然气的合约单位是 20 吨，股指期权的合约单位是 100 元。如图 2-33 所示为“黄金 2006-购-360”合约走势图，合约单位是 1000 克，"黄金 2006-购-360"合约按照截图的收盘价来计算，每张合约的价格为 32.18 元×1000=32 180 元。

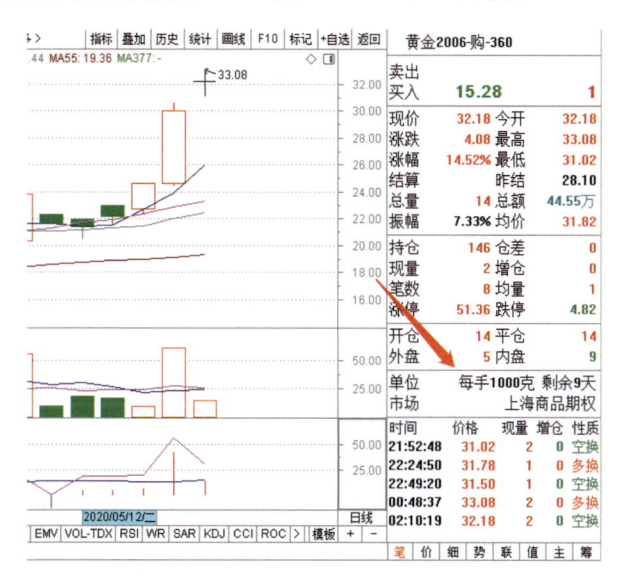

图 2-33　黄金期权 2006-购-360 走势图

（2）盈亏=权利金的差价

无论是期权买方还是期权卖方，盈亏显示的都是差价。比如，买方盈利就是我们通常所理解的通过低买、高卖操作所赚取的中间价差。如果是卖出认购期权，对于同一个认购合约来说，盈利就体现在高卖低买的过程中。也就是说，若买入的价格比卖出的价格高，就会出现亏损。

（3）期权涨跌停

一般来说，股票类的标的很难出现涨停和跌停现象，但商品类的标的会出现涨停和跌停现象。如图 2-34 和图 2-35 所示，商品期权的标的出现多次跌停情况。

图 2-34 2020 年 1—5 月 PTA 走势

图 2-35 2020 年 1—5 月棉花走势

认购期权最大上涨金额=max｛合约标的前收盘价×0.5%，min［(2×合约标的前收盘价－行权价)，合约标的前收盘价］×10%｝

认购期权最大下跌金额=合约标的前收盘价×10%

认沽期权最大上涨金额=max｛行权价×0.5%，min［(2×行权价－合约标的前收盘价)，合约标的前收盘价］×10%｝

认沽期权最大下跌金额=合约标的前收盘价×10%

我们可以简单理解为：标的上涨多少金额，认购期权就会上涨多少金额；标的下跌多少金额，认购期权就会下跌多少金额。期权的最低价为该品种的最小交易单位，比如 ETF 期权的最低价为 0.0001 元，股指期权的最低价为 0.2 元，其他商品期权的最低价多为 0.5 元。

2．保证金

（1）卖方保证金=支出的押金

认购期权义务仓维持保证金＝[合约结算价+max（12%×合约标的收盘价-认购期权虚值，7%×合约标的收盘价）]×合约单位

认沽期权义务仓维持保证金＝min[合约结算价+max（12%×合约标的收盘价-认沽期权虚值，7%×行权价），行权价格]×合约单位

认购期权虚值=max（行权价-合约标的收盘价，0）

认沽期权虚值=max（合约标的收盘价-行权价，0）

注意：临近行权日（包括行权日）的保证金的收取比例将会提高。

在汇点软件的期权界面中有一列预估保证金，如图 2-36 所示。一般来说，越虚值的合约所需要的保证金越少，越实值的合约所需要的保证金越多。要注意，保证金和实际支出并不相同。

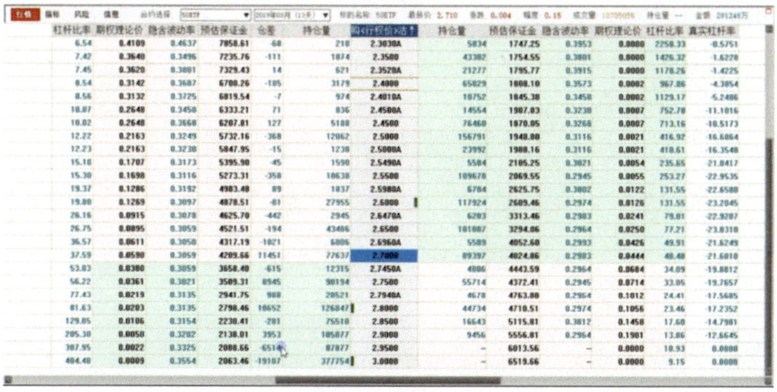

图 2-36　预估保证金

（2）保证金-权利金=实际支出

如图 2-37 所示，卖出"50ETF 5 月购 2800"合约的实际支出为：保证金 3738.40 元-权利金 450 元=3288.4 元。如果仔细看，就会发现实值合约的实际支出与保证金相差不大。

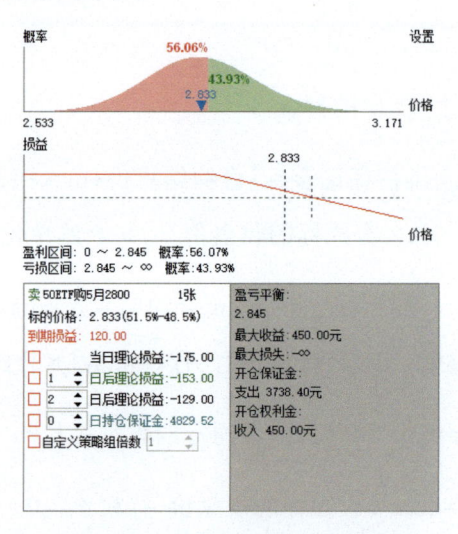

图 2-37　期权的权利金和保证金

（3）保证金风险度

如果在账户里有卖期权，期权软件就会有风险度显示（如图 2-38 所示），有时候会显示为风险率或杠杆率。一般来说账户的风险度在 90%以上，券商就会有相应的提示，并且不允许新开仓。若账户的风险度超过 100%，就会被券商强行平仓。

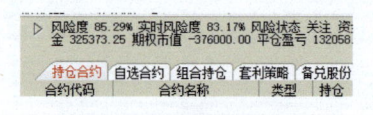

图 2-38　期权风险度

（4）组合保证金

2019 年 11 月 50ETF 期权推出组合保证金制度，随后在 300ETF 上也推出组合保证金制度，且在美股期权、豆粕、白糖期权中都有这个制度。下面我们对组合保证金制度做一下简单的介绍。

比如卖出 300ETF 5 月 3900 认购、认沽的跨式期权，可以使用跨式空头组合策略（如图 2-39 所示），这样只收取单边数量最大的保证金就行了。如果不使用组合保证金，那么卖认沽和卖认购两边将都被收取保证金。组合保证金会极大地降低卖方的成本，提高资金的使用效率。同时，使用价差策略组合，可以固定风险度，能在一定程度上降低爆仓的风险。在实施股票冲抵保证金之后，如果账户持有很多只股票，则在进行期权卖出操作时，可以将股票折算成保证金。

持仓合约	自选合约	组合持仓	盈利策略	备兑股份						
代码	策略名称	持仓	可用	组合盈亏	组合保证金	合约名称(1)	类型(1)	数量(1)	盈亏(1)	合约代码(1)	合约名称(2)
2020051400009350	跨式空头策略	100	100	26411.60	613294.00	300ETF购5月3900	义务	100	12990.00	10002466	300ETF沽5月3900
2020051400012759	跨式空头策略	100	100	26411.60	613294.00	300ETF购5月3900	义务	100	12990.00	10002466	300ETF沽5月3900
2020051400014326	跨式空头策略	50	50	13205.80	306647.00	300ETF购5月3900	义务	50	6495.00	10002466	300ETF沽5月3900
	合计3			66029.00	1533235.00						

图 2-39　跨式空头组合策略

2.5　期权套期保值

期权设立的本意是为期货或现货设立一个高杠杆、低成本的保险，而对于投机者来说，高杠杆有无比强大的吸引力。期权具有套期保值的功能，可以弥补期货方或现货方的亏损。

若持有期权现货或期货多头（比如 50ETF、白糖、豆粕期货等），担心价格下跌，则可以买入认沽期权进行保护。如果标的价格上涨，认沽期权价格就会下跌甚至价格归零。如果标的价格下跌，认沽期权价格就会上涨，降低现货或期货价格下跌过程中的风险，如图 2-40 所示。

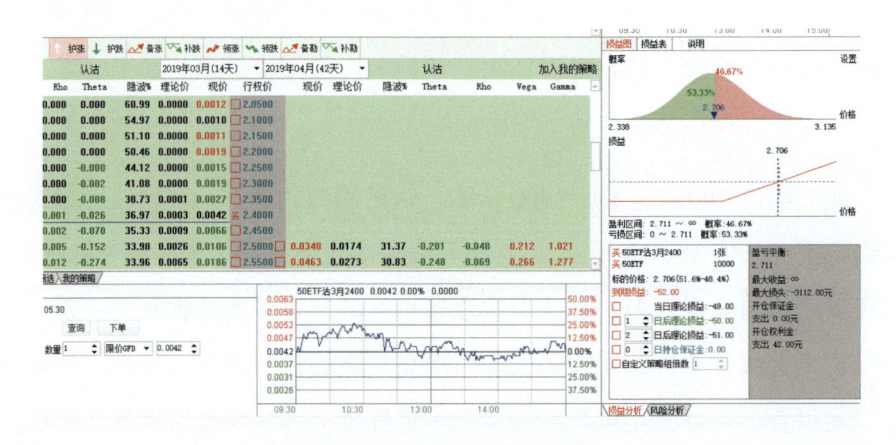

图 2-40　保护性上涨盈亏图

若标的价格继续上涨，则期权价格会逐渐归零，现货或期货可以继续享受标的价格上涨的获利；若标的价格下跌，则期权价格会上涨。

当建立现货或期货的空头之后，如果行情出现上涨，那么空头仓位会出现亏损，但是我们买入的期权会有相应的收益，以对所持有的现货或期货进行保护。如果现货或期货价格持续下跌，那么当个股期权价格归零时，现货和期货的空头收益就会完全体现出来，如图 2-41 所示。

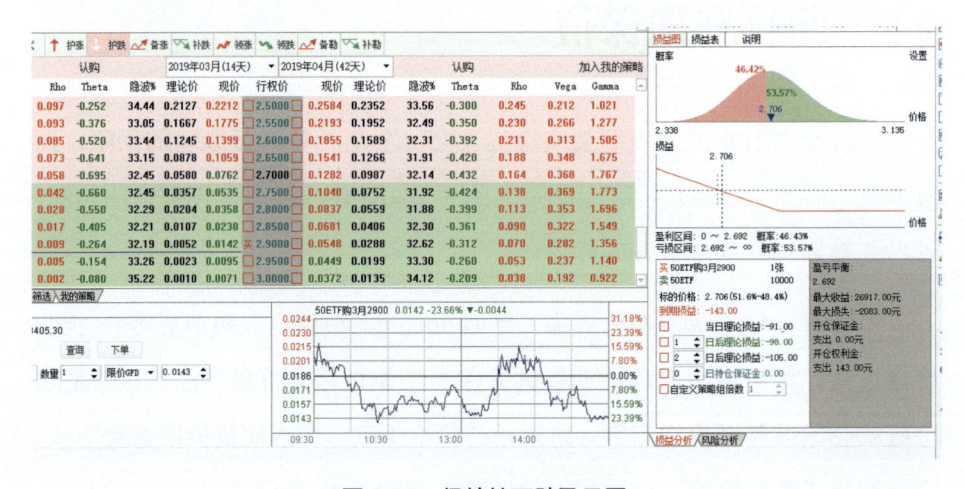

图 2-41　保护性下跌盈亏图

期权套期保值的优点：在期货和现货中进行套期保值，期货头寸上的获利会对冲现货上的亏损,现货上的亏损也会对冲期货上的获利,最后将净值限定在一个固定范围。而使用期权做对冲保护就不会如此,使用期权做套期保值会使风险锁定,并且不会完全影响现货或期货的盈利。

当然,期权套期保值并不是没有缺点的,其受时间价值影响比较严重。当期权行权价很虚的时候,期权价格并不会随着标的价格的波动而波动。

如果公司符合申请套期保值的资格,则可以向交易所办理申报手续。交易所对套期保值实行额度审批机制,客户单边期货和期权套期保值持仓不能超过批准的额度。期权单边套期保值持仓也不能超过批准额度,其中,买入看涨期权、卖出看跌期权和期货多头为同一个方向,卖出看涨、买入看跌和期货空头为另一个方向。

2.6 商品期权

截至 2020 年年底,在国内上市的商品期权已有 18 个,并且随着市场的发展,上市品种会越来越多,这给我们的期权投资提供了新的机会。

一般的个人投资和资产保值所涉及的产品有存款、逆回购、理财产品、股票、期货、期权。商品期权与对应的商品期货品种的走势和运行规律有很大不同,在多样化的资产配置中,可以用商品期权分散风险。

一般基于商品期货的期权都是逻辑性比较好的品种,比如农产品,其逻辑相对简单,主要受需求、供给、天气等因素的影响,通常农产品的需求是相对稳定的,比如豆粕、棉花、玉米,若在上一个年度这些农产品行情比较好、价格较高,那么当年种植这些农产品的面积就会相对扩大;如果上一个年度这些农产品的价格较低,就会影响其当年的种植面积。工业品可以表现为经济的晴雨表,比如在汽车销量好的时候,橡胶的需求量就会比较大。

期权相对于期货有着丰富的策略，既可以做多，选择买认购，也可以做空，选择买认沽，还可以使用卖方策略、价差策略、期限策略等，但是要注意波动率的变化，最好先用 50ETF、300ETF 期权熟悉策略，再结合对商品期货的了解，对相应的商品期权进行多策略操作。

1. 商品期权基础知识

（1）商品期权品种

截至 2020 年 12 月 20 日，已上市的商品期权品种有 18 个（如图 2-42 所示），包括豆粕、白糖、沪铜、棉花、玉米、橡胶等。豆粕的主要产地是阿根廷、巴西、美国，主要受天气影响和周期的影响；白糖的主要产地是中国和印度，天气对于白糖的原料种植影响比较大；沪铜的主要产地是智利，其既有商品属性，也有经济属性，且和经济息息相关，与股市也有一定的关系；棉花主要产自中国新疆，其中经济周期和供需关系会影响棉花的价格；玉米的主要产地是中国东北，还有一部分从美国进口；橡胶的主要产地是泰国，主要受天气的影响，会出现大起大落的行情。总体来说，现在已上市的商品期权的涨跌幅还是相对可控的。

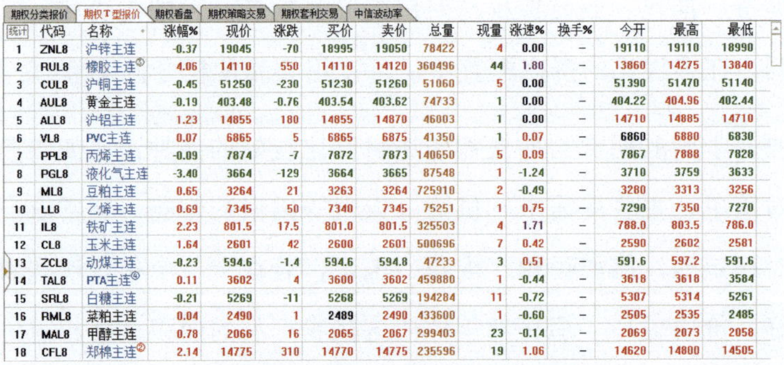

统计	代码	名称	涨幅%	现价	涨跌	买价	卖价	总量	现量	涨速%	换手%	今开	最高	最低
1	ZNL8	沪锌主连	-0.37	19045	-70	18995	19050	78422	4	0.00	–	19110	19110	18990
2	RUL8	橡胶主连③	4.06	14110	550	14110	14120	360496	44	1.80	–	13860	14275	13840
3	CUL8	沪铜主连	-0.45	51250	-230	51230	51260	51060	5	0.00	–	51390	51470	51140
4	AUL8	黄金主连	-0.19	403.48	-0.76	403.54	403.62	74733	1	0.00	–	404.22	404.96	402.44
5	ALL8	沪铝主连	1.23	14855	180	14855	14870	46003	1	0.00	–	14710	14885	14710
6	VL8	PVC主连	0.07	6865	5	6865	6875	41350	1	0.07	–	6860	6880	6830
7	PPL8	丙烯主连	-0.09	7874	-7	7872	7873	140650	5	0.09	–	7867	7888	7828
8	PGL8	液化气主连	-3.40	3664	-129	3664	3665	87548	1	-1.24	–	3710	3759	3633
9	ML8	豆粕主连	0.65	3264	21	3263	3264	725910	2	-0.49	–	3280	3313	3256
10	LL8	乙烯主连	0.69	7345	50	7340	7345	75251	1	0.75	–	7290	7350	7270
11	IL8	铁矿主连	2.23	801.5	17.5	801.0	801.5	325503	4	1.71	–	788.0	803.5	786.0
12	CL8	玉米主连	1.64	2601	42	2600	2601	500696	7	0.42	–	2590	2602	2581
13	ZCL8	动煤主连	-0.23	594.6	-1.4	594.6	594.8	47233	3	0.51	–	591.6	597.2	591.6
14	TAL8	PTA主连④	0.11	3602	4	3600	3602	459880	1	-0.44	–	3618	3618	3584
15	SRL8	白糖主连	-0.21	5269	-11	5268	5269	194284	11	-0.72	–	5307	5314	5261
16	RML8	菜粕主连	0.04	2490	1	2489	2490	433600	1	-0.60	–	2505	2535	2485
17	MAL8	甲醇主连	0.78	2066	16	2065	2067	299403	23	-0.14	–	2069	2073	2058
18	CFL8	郑棉主连②	2.14	14775	310	14770	14775	235596	19	1.06	–	14620	14800	14505

图 2-42　已上市的商品期权品种

(2)商品期权资金门槛

不同品种的商品期权其交易规则会有一些不同,在进入商品期权市场之前最好掌握这些规则。每个品种的到期日都不相同,一定要把握好到期日。商品期权开户的资金门槛为 10 万元,相比 50ETF、300ETF 等金融期权的开户资金门槛要低不少。

(3)商品期权开户条件

商品期权开户条件:10 万元资金门槛,需开通期货账户,连续模拟 10 个交易日,完成这些后再去相应的营业部进行双录(录音和录像)和开户。

已有 50ETF、300ETF 期权交易经验的投资者需要有期货账户、对账单(含卖方操作记录)、在期货公司的双录,即可开户。

(4)商品期权看盘

商品期权的盘面观察和金融期权的盘面观察类似,都使用 T 型报价的方式,只是商品期权每个月的合约对应的标的合约有所不同,其对应每个月份的期货,而不同月份的商品期货的价格不同,不像 ETF 期权标的的价格是固定的。

2. 商品期权的操作技巧

(1)基本面研究

无论是投资农产品还是投资工业品,都要对品种的基本面有所了解。对于农产品来说,要熟悉农产品的产地、库存量、产量、产地的天气等影响因素。对于工业品来说,要熟悉各国的股市、汇率,对相应的经济指标进行研究。

(2)看图操作

如果我们没有更多的时间去研究基本面,那么也可以考虑看图操作,即根据标的的价格走势图形来思考操作方法。

（3）小仓位做买方

在商品期权中，做买方是比较有优势的。在合约期限内，如果做期货，则可能有被强平止损的情况出现，但是做期权就没有这种担忧，只要期权合约未到期，而且观点没有变化，就可以持续持有。但要注意，商品期权不要轻易裸卖，因为期货价格波动幅度比较大，经常会出现暴涨、暴跌的情况，很容易对期权合约造成冲击，而且在行情连续大涨、大跌时，期权的流动性是一个大问题。同时，要做好资金管理，让自己有多次补仓的机会。

（4）精准出击

对于买方来说，很多盈利机会是等出来的，而并不是时时都有机会获利。在进场时需要有"不见兔子不撒鹰"的思路，像狙击手一样精确出击。

3. 商品期权实战

（1）豆粕期权

如图 2-43 所示是笔者在豆粕期权上的交易单。

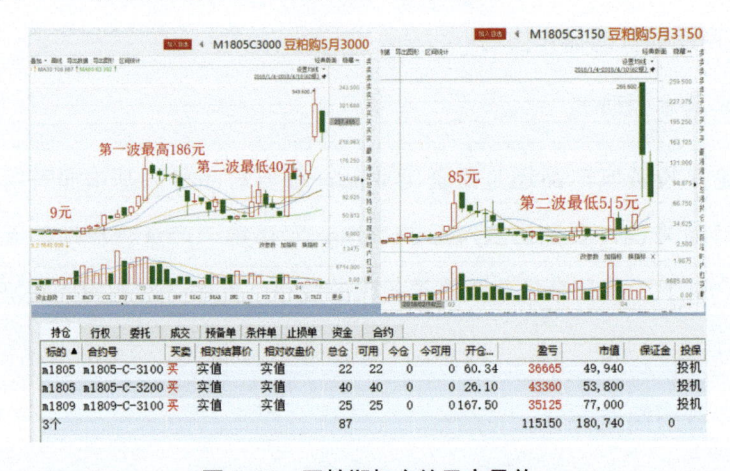

图 2-43 豆粕期权合约及交易单

第 2 章 期权实务操作

其实，豆粕在 2018 年的盈利机会并不多，但豆粕期权是买入跨式的好品种。2018 年 3 月 30 日零时，美国农业部公布新一季大豆种植面积低于市场预期，且低于 2017 年实际种植面积。报告一出，持续利好消息刺激大豆价格攀至两周高位，豆粕期货价格涨停（如图 2-44 所示）。

图 2-44 豆粕期货价格跳空上涨

事实上，在预期有重大消息公布的前夜，就有投资者进行了买跨的操作，导致 2018 年 3 月 29 日夜盘豆粕认沽期权价格与认购期权价格同时上涨：豆粕 1805 合约在 3030 点附近窄幅震荡，5 月份期权合约只有很短的交易时间了，时间价值也非常低，这时是绝佳的买跨和彩票机会，看涨合约 3050 逐渐上涨到 35 元，认沽合约价格也在上涨（如图 2-45 所示）。目前，唯有期权能在出现这样大的波动时做到大概率获利！

图 2-45　豆粕期权认沽合约走势

（2）白糖期权

2018 年白糖期权延续下跌趋势，但总体走势还是比较流畅的。当出现比较连续的走势时，还是可以考虑通过买方的方式入场的。使用期权的移仓操作，买入认沽期权，最终获取较多利润（如图 2-46 所示）。

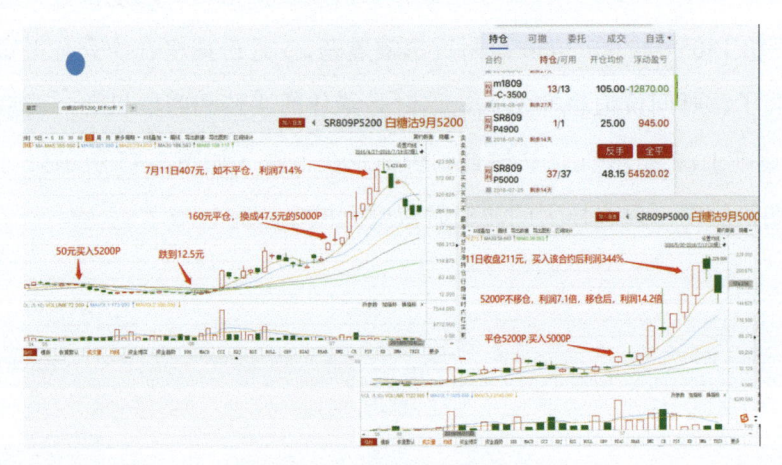

图 2-46　白糖期权的移仓操作

（3）2020年1季度的商品期权

2020年1季度，由于原油市场大幅波动，世界股市、大宗商品市场纷纷连续下挫（如图2-47所示）。3月叠加流动性危机，黄金市场也出现较大的波动（如图2-48所示），这种金融市场环境恰好给了商品期权机会，使得商品期权的认沽期权获得较大的涨幅（如图2-49和图2-50所示）。

图2-47 甲醇主连走势

图2-48 黄金主连走势

图 2-49　橡胶认沽期权走势

图 2-50　沪铜认沽期权走势

（4）案例：36 小时盈利 7 倍的铁矿期权

2020 年 11—12 月，铁矿石期货价格连续大涨（如图 2-51 所示），随着标的价格的上涨，做多期货的风险是很大的，但是期权买方具有亏损有限的特点，所以可以尝试使用少量资金买入。

第 2 章 期权实务操作

图 2-51 铁矿石期货走势

笔者在 2020 年 12 月 3 日晚上，买入 100 张 1080 购铁矿石期权合约，累计投入 8 万多元，该笔交易获利。第二天上午铁矿石价格接近涨停，该合约累计上涨约 7 倍（如图 2-52 所示），笔者平仓该笔交易，在 36 小时内以 8 万多元的成本获得了 50 多万元的收益，如图 2-53 所示为笔者账户截图。

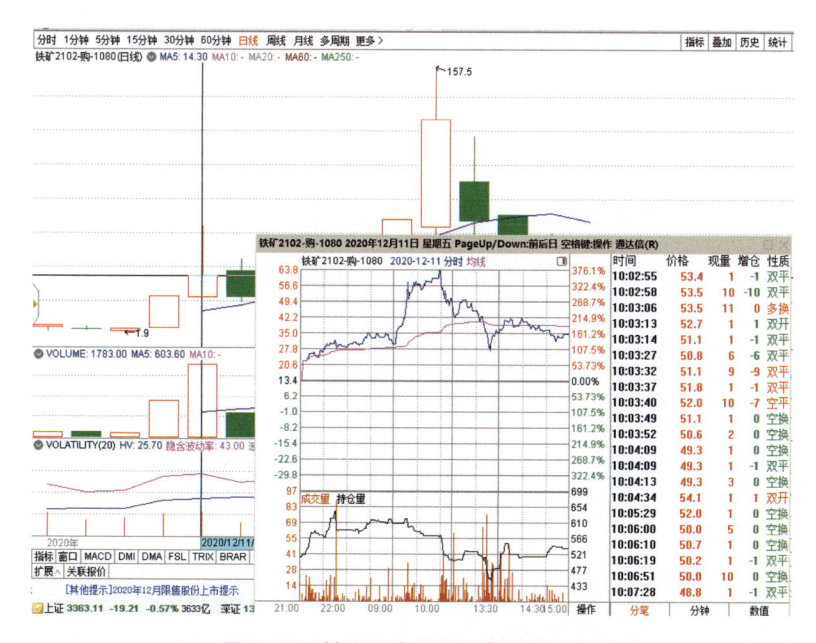

图 2-52 笔者平仓日的期权价格走势

图 2-53　笔者账户截图

4．经验总结

（1）懂点基本面

做商品期权要懂一些基本面，大概了解某种商品期货的顶与底的区间、成本、供需情况，还要具备一些基本的技术分析能力，否则无法很好地把握买和卖的入场点。

（2）彩票和跨式

在商品期权中可以考虑做一些彩票或跨式，在期权价格很低、波动率也比较低的时候使用这两种方法，往往会有意想不到的收获。

（3）做长线和波段

对于商品期权来说，如果投资者不能长时间盯盘，则可以考虑做长线或波段操作，也能够获得不错的收益。目前，商品期权的流动性比较差，做短线操作付出的成本是比较高的。

（4）提前做好准备

商品期权的行情往往会来得比较突然，我们不需要每天都交易，但一定要在符合交易标准的时候交易。这就要求投资者要有敏锐的"嗅觉",提前做好知识储备,以及账户和资金的准备工作,一旦机会来临,就可以马上参与其中!

2.7 沪深300股指期权解析

2019 年 12 月,沪深 300 期权上市,标的有上交所的华泰柏瑞沪深 300ETF(510300)、深交所的嘉实沪深 300ETF(159919)和中金所的沪深 300 指数股指期权(000300)。股指期权 T 型报价如图 2-54 所示。

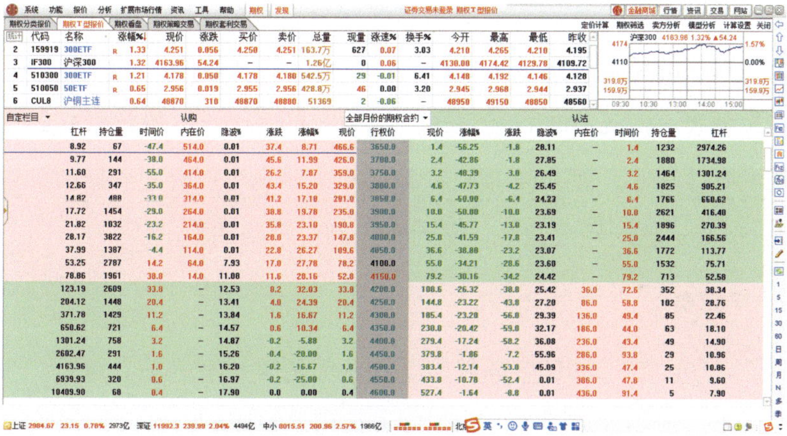

图 2-54 股指期权 T 型报价

股指期权和 ETF 期权的对比如下。

1. 资金

股指期权的面额比 ETF 的面额大十倍,容纳得资金更多。从权利金上来看,参考目前 50ETF 期权的波动率和位置,当 300ETF 的价格在 4 元左右时,一个月到期的平值期权合约价格大约是 600 元/张,股指期权合约的价格大约是 6000 元/张。如果买得多,那么还需要考虑流动性问题,考虑哪一种期权的流动性更好。

2. 交割方式

ETF 期权的交割方式是实物交割，实物交割有备兑和行权，行权就必须准备资金买现货。而股指期权是现金交割，到行权日那天有资金就行权，不管投资者是买还是卖，都按照点差和行权价去行权。

3. 备兑方式

喜欢"慢牛"行情的人一般都会选择做 ETF 期权，因为可以先买入现货，然后备兑卖出认购期权，这样就多一份收入。而在做股指期权时，如果没有做股指期货，就少了备兑这种方式。

4. 末日轮

股指期权的结算价格是交易日最后两小时的平均价，不会像 ETF 期权那样在最后半小时还有末日轮现象，因为在最后两小时股指期权的价格基本上就没有波动了。而 ETF 期权在最后一小时也可能会随着标的价格的波动出现 Gamma 值的巨大波动，从而带来期权价格的波动。

5. 手续费

目前，50ETF、300ETF 期权的手续费都是 3 元/张左右，这是一个比较正常的价格，股指期权的手续费整体来说相对要便宜一点。

6. 点差

ETF 期权点差的最低差别是 1 元，股指期权点差的最低差别是 20 元，因为股指期权的面额大。

7. 行权间距

ETF 期权的价格是 3~5 元，行权价是 0.1 元一档。股指期权在 2500~5000 点是 50 点一档，在 5000~10 000 点是 100 点一档精度比 ETF 的精度高一倍，这一点非常重要。

第 3 章

策 略 篇

3.1 标的为王

笔者做期权交易以来,发现很多人错误地认为单纯研究策略就可以在市场中立于不败之地,于是都沉迷于使用策略,从而忽略了对标的的研究。其实无论是简单的策略,还是复杂的策略,它们的本质都是对标的现状认识的一种表达。策略是基于标的的走势、波动率及时间影响,对期权的杠杆和容错性进行综合判断所产生的一种表达。

以上证 50ETF 为例,应主要看上证 50ETF 的走势及其成份股的走势,把精力放在研究标的上,期权策略只是研究工具,并不是越复杂的策略越好。由于远月的期权合约(如图 3-1 所示)并不活跃,持仓量非常少,所以我们主要研究近月合约和下月合约。下面从基本面、技术指标、资金状态等方面对期权标的进行研究。

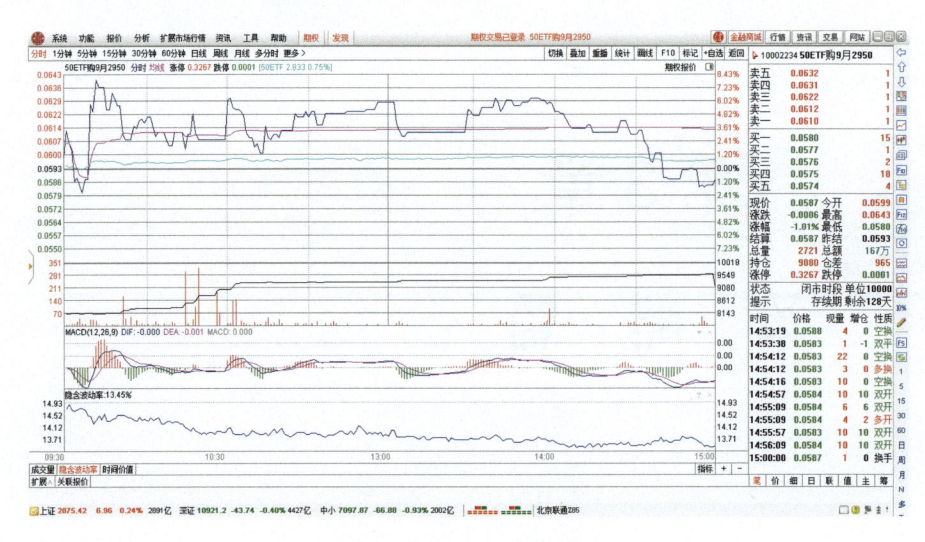

图 3-1　远月合约分时图

1．基本面

我们必须知道构成 50ETF、300ETF 的主要成份股。打开股票软件，按 F10 键就能看到，如图 3-2 所示为 50ETF 主要成份股构成，如图 3-3 所示为 300ETF 主要成份股构成。

图 3-2　50ETF 主要成份股构成（2020 年二季度）

☆持股明细☆ ◇510300 300ETF 更新日期：2020-10-14◇ 港澳资讯 灵通V7.0
★本栏包括【1.持股明细】【2.买入股票明细】【3.卖出股票明细】★
【1.持股明细】
【截止日期】2020-06-30

代 码	股票名称	持有数量(万股)	市值(万元)	占总值比(%)	占净值比(%)
601318	中国平安	2429.87	173492.62	5.0550	5.07
600519	贵州茅台	114.89	168075.70	4.8972	4.91
600036	招商银行	2313.96	78026.70	2.2735	2.28
600276	恒瑞医药	837.79	77328.39	2.2531	2.26
000858	五粮液	434.71	74386.86	2.1674	2.17
000333	美的集团	1103.41	65972.79	1.9222	1.93
000651	格力电器	1081.26	61166.60	1.7822	1.79
002475	立讯精密	940.19	48278.94	1.4067	1.41
600030	中信证券	1912.17	46102.51	1.3433	1.35
601166	兴业银行	2798.05	44153.30	1.2865	1.29
600887	伊利股份	1364.28	42469.92	1.2374	1.24
000002	万科A	1519.52	39720.26	1.1573	1.16
601398	工商银行	7815.83	38922.81	1.1341	1.14
600900	长江电力	1976.46	37434.17	1.0907	1.09
601888	中国中免	223.38	34406.51	1.0025	1.01
601328	交通银行	6167.30	31638.25	0.9218	0.92
300059	东方财富	1449.28	29275.50	0.8530	0.86
600585	海螺水泥	534.88	28300.41	0.8246	0.83
000725	京东方A	6042.12	28216.72	0.8221	0.82
600000	浦发银行	2634.91	27877.35	0.8123	0.82
000001	平安银行	2177.29	27869.32	0.8120	0.81
603288	海天味业	222.40	27666.17	0.8061	0.81
002714	牧原股份	335.39	27501.72	0.8013	0.80
600016	民生银行	4770.71	27049.94	0.7882	0.79
000661	长春高新	62.04	27007.75	0.7869	0.79
002415	海康威视	838.87	25459.62	0.7418	0.74

图 3-3 300ETF 主要成份股构成（2020 年二季度）

目前，银行、证券、保险等金融股占比很大，投资者一定要关注这些板块中的个股，如图 3-4 所示。

	代码	名称		涨幅%	现价	涨跌	买价	卖价	总量
1	999999	上证指数		0.24	2875.42	6.96	-	-	2.26亿
2	601318	中国平安	R	-0.04	72.20	-0.03	72.20	72.21	308463
3	600519	贵州茅台	R	2.53	1346.21	33.21	1346.21	1346.40	34362
4	600036	招商银行		-0.15	33.80	-0.05	33.79	33.80	363701
5	601166	兴业银行		-0.12	16.03	-0.02	16.03	16.04	373443
6	000651	格力电器	R	0.10	57.99	0.06	57.99	58.00	408131
7	000858	五 粮 液	R	4.11	151.19	5.97	151.18	151.19	248810
8	600276	恒瑞医药	R	2.50	97.20	2.37	97.20	97.21	301163
9	000333	美的集团	R	0.95	57.49	0.54	57.49	57.50	261775
10	600030	中信证券	R	-1.54	23.08	-0.36	23.08	23.09	889196
11	880005	涨跌家数		-21.57	1502.00	-413.00	-	-	5.87亿
12	399986	中证银行		0.11	5898.86	6.36	-	-	884.9万
13	399975	证券公司		-0.52	707.46	-3.67	-	-	1428万

图 3-4 50ETF、300ETF 主要权重股

注意，上证 50 指数和上证指数并不相同，上证 50 指数同当前经济形势的相关性较强，其成份股大部分都是流通比较活跃的大盘蓝筹股，所以上证 50 指数走势比较流畅，没有很多的上/下影线，走势温和，趋势比较明显。

2. 50ETF的编制规则

上证 50 指数挑选市场规模大、流动性好的最具代表性的 50 只股票组成样本，综合反映上海证券市场最具影响力的一批优质大盘企业的整体状况。上证 50 指数由上海证券交易所编制，指数代码为 000016，基日为 2003 年 12 月 31 日，基点为 1000 点。

上证 50ETF 于 2004 年 1 月 2 日正式发布，并在上海证券交易所上市交易，代码为 510050，基金管理人为华夏基金管理有限公司。上证 50ETF 的投资目标是紧密跟踪上证 50 指数，最小化跟踪偏离度和误差。基金采取被动式投资策略，主要使用完全复制法跟踪指数，追求实现与上证 50 指数类似的风险与收益。

上证 50 指数的权重数并不以成份股的流通股数为标准，而是根据不同的流通比例确定一个加权比例，这个加权比例均取所属区间的最大值，然后用加权比例乘总股本，以确定调整股本数，这个调整股本数才是最终的权数，然后将市场价格与调整股本数相乘得到调整市值，50 家公司的调整市值总和除以基期的调整市值总和，再乘 1000 就得到了报告期的指数。简单来说，就是上证 50 指数将当前表现较好、成交较活跃的股票放到一起，将表现较差的个股剔除出去，始终做调整和轮换，是一个新老更替的过程。

3. 技术指标

我们可以从简单的技术指标来分析标的走势。50ETF 走势具有流畅性，我们可以通过均线来看 50ETF 目前处于一个什么样的状态。在 2017 年，均线一直向上；在 2018 年，上半年均线是向下的，下半年均线进入上下波动的状态；在 2019 年，均线也是向上的；在 2020 年上半年，均线是宽幅震荡的，但在 7 月有一波快速拉升，均线到了新的高度，随后继续震荡。如果我们沿着均线的方向来操作，尽管短期来看可能会有一定程度的回撤，但只要方向不变，跟随方向做仓位、使用策略，那么盈利的可能性还是非常大的。

4．日内技术分析

根据对日内分时走势的分析，可以对标的的整体走势进行一些判断，从而进行期权操作。一般来说，50ETF 日内走势会出现比较明显的趋势性行情，可以沿着日内均线的方向，同时结合分时 MACD 的金叉和背离来判断行情。

5．结合板块协同及其成份股的走势

看 50ETF、300ETF 成份股及几个重要的板块指数，如果当天出现明显的协同，成份股和板块同涨同跌，那么就不要轻易逆势而为。如果板块有涨有跌，没有明显的涨跌方向，则做卖方较好。

6．资金状态

沪深港通资金的流入、流出状态，可以在东方财富的网站上进行查看。截至 2020 年 5 月 18 日，沪深港通持有市值已经超过了 1 万亿元。如图 3-5 所示为 2020 年 5 月 18 日沪深港通资金流入、流出情况。

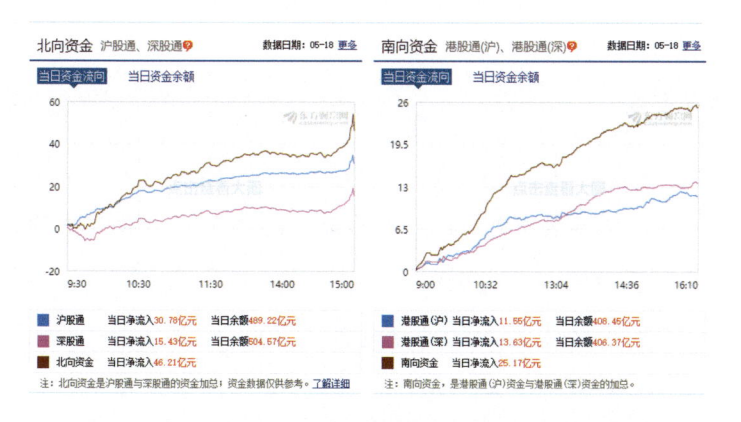

图 3-5　2020 年 5 月 18 日沪深港通资金流入、流出情况

7. 筹码锁定

很多投资者在上证 50 指数创新高或其成份股创新高的时候，担忧市场在新高附近缺乏成交量，那么为什么很多 50ETF 成份股在价格创新高的时候没有放量？主要是很多价值投资者在持有成份股后短期内不会卖出，市场上的筹码总体来说就会越来越少，自然就会出现价格拉升、没有放量的情况。

8. 轮动

无论在什么样的行情中，总的资金都是有限的，难免会出现大盘股和小盘股轮动的情况。当小盘股行情不好的时候往往就是大盘股的机会，根据市场总结出的价值投资理念，不要因为市场轮动就轻易放弃，坚持自己的判断和风格才是最重要的。

3.2 四种基本策略

策略是对期权标的、波动率、时间观点的一种表达，当我们对合约有一定的看法之后，就需要用策略对相应的看法进行表达。下面对四种基本策略进行详细介绍。

1. 买入认购

可以将买入认购简单地理解为杠杆性看多，这是大多数从股票市场转到期权市场的投资者最先选用的一种策略。适用场景为看大涨的行情。在单边上涨的行情中买入认购能获得超额收益。如图 3-6 所示，"300ETF 购 7 月 4200" 合约价格从 140 元/张上涨到 11700 元/张左右，上涨幅度非常惊人。如图 3-7 所示为笔者 2020 年 7 月的账户部分截图，买入认购获利丰厚。

图 3-6　"300ETF 购 7 月 4200"合约走势

图 3-7　账户部分截图

买入认购期权的到期损益图如图 3-8 所示。

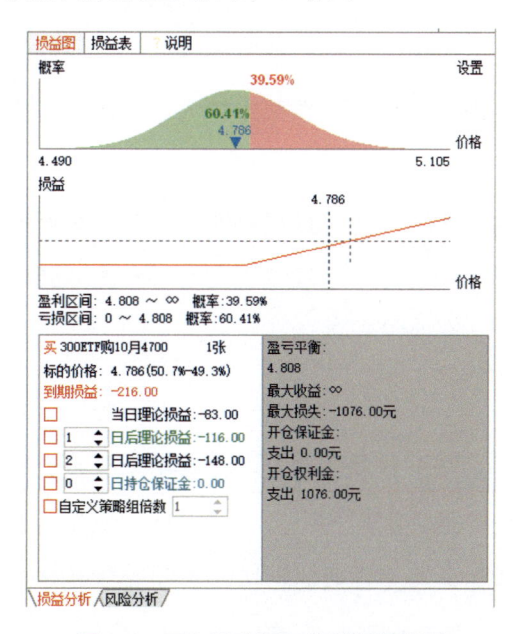

图 3-8　买入认购期权的到期损益图

（1）买入认购策略的优势与劣势

优势：在理论上，使用买入认购策略可以获得丰厚的收益，且亏损有限。即使方向看反了，损失也相对有限，适合半路追高的情况。投资者可以根据自身的风险偏好、对未来市场的看法和拥有的资金量，选择不同行权价和行权月份的认购期权，也可以构建一个期权链，买入不同行权价和到期月份的认购期权。

劣势：虽然使用该策略亏损的本金有限，但有限的亏损对于投资者来说也是不愿意承受的。若标的价格涨速较慢，且持有期权较长时间，那么也可能由于时间价值的损耗，最后未必能盈利。若在合约到期时标的价格还未到达买入认购期权的行权价，则即使看对方向也会归零。

（2）调整和收尾

如果标的价格涨速较慢，买入虚值认购期权的价格不涨反跌，而投资者继续看好这个方向，那么应该移仓到实值期权，资金较多的投资者应该卖出虚值认购期权，构建牛市价差或比率价差，以获取收益或减少损失。若标的价格快速下跌，认购期权损失比较大，则应该考虑止损或买入认沽期权进行对冲，或者直接转为空头。若标的价格快速上涨，则可以考虑将已经变为实值的期权适当移仓到虚值合约，以获取更好的杠杆。在合约快到期和波段上涨得差不多时，一般使用卖出平仓的方式来获利了结，但资金较少的投资者没必要选择行权。

2. 买入认沽

可以将买入认沽简单地理解为杠杆性看空，这是大多数从期货市场转到期权市场的投资者最先选用的一种策略，适用场景为看大跌的行情。在使用这种策略时，如果遇到合适的行情，获利就会很丰厚。

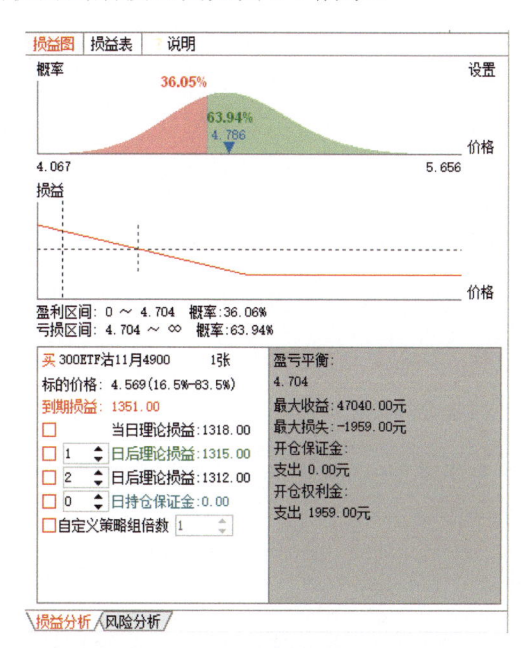

买入认沽期权的到期损益图如图 3-9 所示。

图 3-9　买入认沽期权的到期损益图

（1）买入认沽策略的优势与劣势

优势：在理论上，使用买入认沽策略可以获得比较高的收益，且亏损有限。即使方向看反了，损失也相对有限，适合半路杀跌的情况。投资者可以根据自身的风险偏好、对未来市场的看法和拥有的资金量，选择不同行权价和行权月份的认沽期权，也可以构建一个期权链，买入不同行权价和到期月份的认沽期权。买入认沽策略非常简单，是很多喜欢做空或对持股做保护的新手刚入门期权最先使用的策略，买入认沽期权需要投入的资金相对较少，但若方向正确，收益也是很可观的。

劣势：虽使用该策略亏损的本金有限，但若买入太多，对投资者来说也很难承受。若标的价格下跌速度较慢，且持有期权较长时间，那么也可能由于时间价值的损耗，最后无法盈利。若在合约到期时标的价格还未到达买入认沽期权的行权价，则即使看对方向也会归零。

（2）调整和收尾

如果标的价格下跌速度较慢，买入虚值认沽期权的价格不涨反跌，而投资者又看好这个方向，那么应该移仓到实值期权，资金较多的投资者应该卖出虚值认沽期权，构建熊市价差或比率价差，以获取收益或减少损失。若标的价格快速上涨，认沽期权损失比较大，则应该考虑止损或买入认购期权进行对冲，或者直接转为多头。若标的价格快速下跌，则可以考虑将已经实值的期权适当移仓到虚值合约，以获取更好的杠杆。一般在合约快到期和波段上涨得差不多时，使用卖出平仓的方式来获利了结，资金较少的投资者没必要选择行权。

3．卖出认购

卖出认购策略适合看不涨的行情，也可以赚取期权的时间价值和波动率下降中的收益，因为时间是逐渐流失的，而波动率会有明显的回归。卖出认购策略可以使用在看不大涨卖出虚值期权中，也可以使用在看大跌卖出实值期权中，如果行情配合，则可以获得卖出期权合约的权利金，但是需要缴纳的保证金比较多，适合资金比较多的投资者。卖出认购期权如图3-10所示。

合约代码	合约名称	类型	持仓	可平	买入成本价	买入成本	浮动盈亏	持仓保证金
10003165	300ETF购3月5500	义务	150	50	-0.1798	-269739.20	146739.20	362502.00
10003285	300ETF购4月5500	义务	150	0	-0.1387	-207990.20	-15659.80	0.00

图3-10　卖出认购期权

在小幅的横盘和下跌行情中，因为波动率一般比较高，所以期权的价格也很高，此时卖出认购期权可以获得较好的收益。卖出认购期权的到期损益图如图3-11所示。

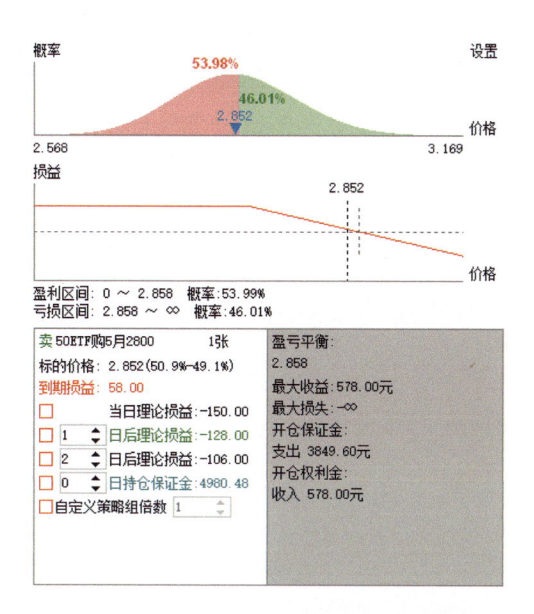

图 3-11　卖出认购期权的到期损益图

（1）卖出认购策略的优势与劣势

优势：卖出认购策略是贷方策略，在合约卖出后投资者即可收到权利金作为风险补偿，若卖出的期权为深度实值期权，则可以将收到的权利金再次卖出。期权有时间价值，时间价值是买方向卖方付出的成本。卖出认购策略可以和其他策略结合使用，以降低风险、获取收益。

劣势：卖出单个认购期权获得的最大收益是有限的，在大幅下跌的行情中，没有买入认沽期权盈利多，降低了资金效率。如果标的价格大幅上涨，则会遭受重大损失，这个损失可能远远超出之前收到的权利金。同时使用该策略需要的保证金比较多，对于 50ETF 期权来说，一般卖出一个平值附近的期权保证金为 3000～4000 元，300ETF 期权价格略高，平值附近的期权保证金为 5000～8000 元。

（2）调整和收尾

如果标的价格下跌速度较慢，随着时间的推移，卖出认购期权的权利金就会逐渐减少；如果标的价格下跌速度较快，那么投资者在短期内就能获得一半以上的权利金；如果合约距离到期时间比较长，可以先平仓获利了结；如果下跌趋势还在持续，则可以移仓卖出价格更高的期权，获得收益。

如果标的价格窄幅波动，则可以加上卖认沽期权策略，构成卖出跨式或宽跨式策略，两边的利润都能赚到。如果标的价格反弹，卖出认购期权就会亏损，此时可以止损平仓，也可以买入认购期权构成牛市价差策略，然后看市场后续的情况，还可以同时卖出认沽期权构成卖跨策略，避免单向损失。

4．卖出认沽

卖出认沽策略适合看不跌的行情，使用该策略能够赚取期权的时间价值和因波动率下降带来的收益，可以在看行情不大跌时卖出虚值期权，也可以在看行情大涨时卖出实值认沽期权。如果行情配合，则可以获得卖出期权合约的权利金，但是使用该策略需要的保证金比较多。卖出认沽示例如图3-12所示。

合约代码	合约名称	类型	持仓	可平	买入成本价	买入成本	平仓盈亏
10001573	50ETF沽1月2400	义务	94	94	-0.0261	-24516.20	11732.20
10001660	50ETF沽2月2300	义务	100	100	-0.0262	-26210.00	9210.00
10001661	50ETF沽2月2350	义务	100	100	-0.0350	-34980.00	5680.00
10001662	50ETF沽2月2400	义务	20	20	-0.0559	-11177.00	1617.00
10001570	50ETF沽1月2250	义务	1	1	-2.3509	-23509.30	23506.30
10001571	50ETF沽1月2300	义务	1	1	-3.1656	-31656.30	31647.30

图 3-12 卖出认沽示例

卖出认沽期权的到期损益图如图3-13所示。在理论上，卖出认沽期权的最大风险是标的价格跌到零的损失，但事实上这种情况不可能发生。一般随着标的价格的下跌，波动率会升高，会出现快速的浮亏，若卖方此时不采取措施，浮亏就会变得更多。卖出认沽期权的最大收益是有限的，仅限于收到的权利金。

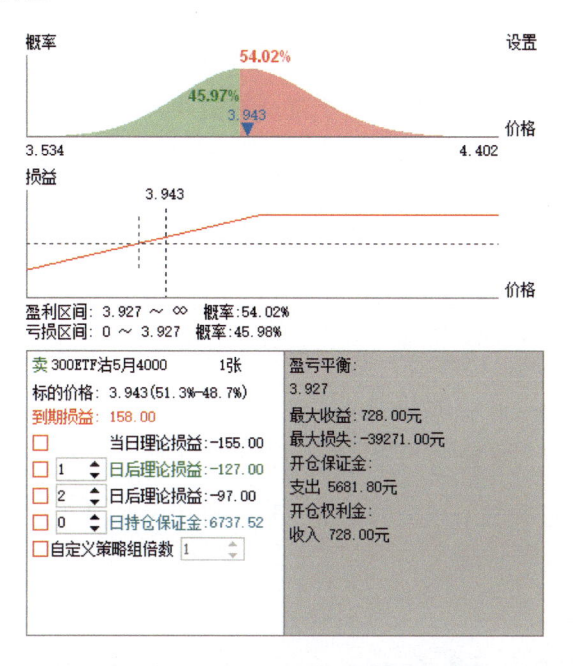

图 3-13 卖出认沽期权的到期损益图

（1）卖出认沽策略的优势和劣势

优势：卖出认沽策略是贷方策略，在合约卖出后投资者即可收到权利金作为风险补偿，若卖出的期权为深度实值，则可以将收到的权利金再次卖出。期权有时间价值，时间价值是买方向卖方付出的成本。做虚值期权卖方有概率优势，只要标的价格不跌到卖出期权的行权价就能收到权利金。卖出认沽策略可以和其他策略结合使用，以降低风险、获取收益。

劣势：卖出单个认沽期权获得的最大收益是有限的，如果是大幅上涨的行情，则没有买入认购期权盈利多，降低了资金使用效率。如果标的价格大幅下跌，则会遭受重大损失，这个损失可能远远超出之前收到的权利金。使用该策略需要的保证金比较多，对于 50ETF 期权来说，一般卖出一个平值附近期权的保证金为 3000～4000 元。

（2）调整和收尾

如果标的价格上涨速度较慢，随着时间的推移，卖出认沽期权的权利金就会逐渐减少；如果标的价格上涨速度较快，那么投资者在短期内就能获得一半以上的权利金；如果合约距离到期时间还比较长，就可以先平仓获利了结；如果上升趋势还在持续，则可以移仓卖出价格更高的期权，获得收益。

如果标的价格窄幅波动，则可以加上卖出认购期权策略，构成卖出跨式或宽跨式策略，两边的利润都能赚到。如果标的价格下跌，卖出认沽期权就会承受亏损，此时可以平仓止损，也可以买入实值认沽期权构成熊市价差策略，然后看市场后续的情况，还可以同时卖出认购期权构成卖跨策略，避免单向损失。

3.3 如何选择合约

期权合约行权价的选择对于期权投资来说非常重要，我们先看两张期权合约的截图，如图3-14 和图 3-15 所示。

图3-14 "50ETF 购 5 月 2350"合约走势

图 3-15 "50ETF 购 5 月 2400"合约走势

图 3-14 是 2017 年 "50ETF 购 5 月 2350" 合约走势，合约价格从 500 元/张跌到最低 37 元/张，最后又回到 500 元/张。图 3-15 是 "50ETF 购 5 月 2400" 合约走势，合约价格由开始的 500 元/张一路下跌，到达最低点后，直到行权日也没有涨回来，最后到期归零了。而标的在行权日之前的走势如图 3-16 所示。

图 3-16　2017 年 4—8 月 50ETF 走势

所以，要正确地选择期权合约行权价，如果选对了方向，却没有选择正确的合约，那么在收益上就会有天壤之别。

1. 买入期权

（1）标的价格的波动方向和速度

投资者可以根据标的价格的波动来决定所要选择的期权合约和使用的投资策略，下面用案例进行讲解。

如图 3-17 所示是 2017—2018 年 50ETF 的走势。在 2017 年，50ETF 的价格从 2.2 元/张涨到了 3.13 元/张，于 2018 年开始下跌，在 2018 年下半年进入宽幅震荡的格局。如果在 2017 年买的是认购合约，持有到 2018 年就会获得不错的利润。如果在 2018 年经常买入认购合约，那么获利机会其实是非常少的。所以，无论我们选择认购合约还是认沽合约，对标的价格趋势的判断都是非常重要的，必须认清大趋势。

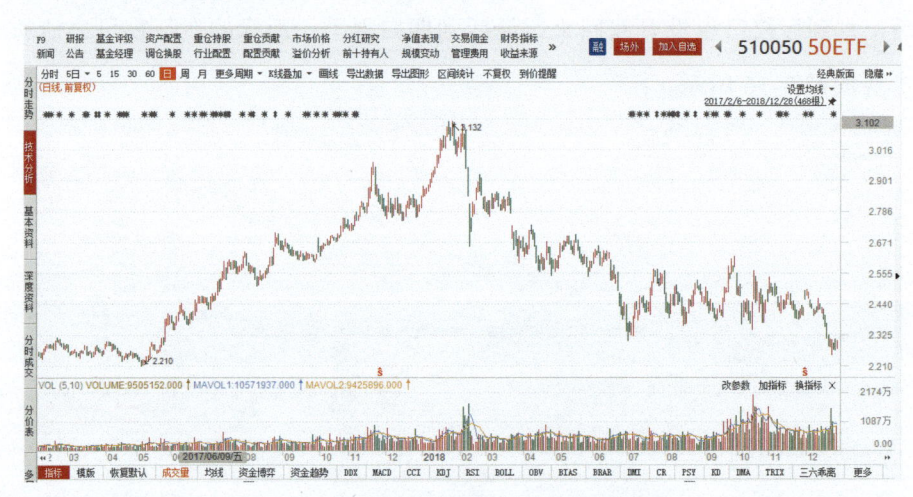

图 3-17　2017—2018 年 50ETF 的走势

虚值合约在行情刚开始的时候不会有很大的波动，因为一开始买方看不到很远的趋势，不知道合约未来会有怎样的走势，所以买方一般不会参与过于虚值的期权交易。尽管虚值合约往往能有比较大的涨幅，但是我们无法精准地预测其价格的起点和终点，也无法预测虚值合约的未来走势，所以买入深度虚值合约的风险是非常大的。

（2）波动率高低和运行趋势

如图 3-18 所示为 2020 年 1—5 月 50ETF 波动率走势，一开始波动率比较平稳地运行，2 月 3 日由于标的价格跳空低开，使得波动率很高，但随后行情震荡回落，3 月标的价格大幅下行，波动率再次升高，随后波动率缓慢下跌。一般来说，在波动率比较高的时候，期权的价格也比较高。在波动率回归的时候，会出现即使虚值期权做对方向也不盈利的情况。所以，在波动率较高的时候不要轻易做期权的买方，尤其是在波动率从高位回落的时候。在波动率快速上升的时候买入期权比较理想。

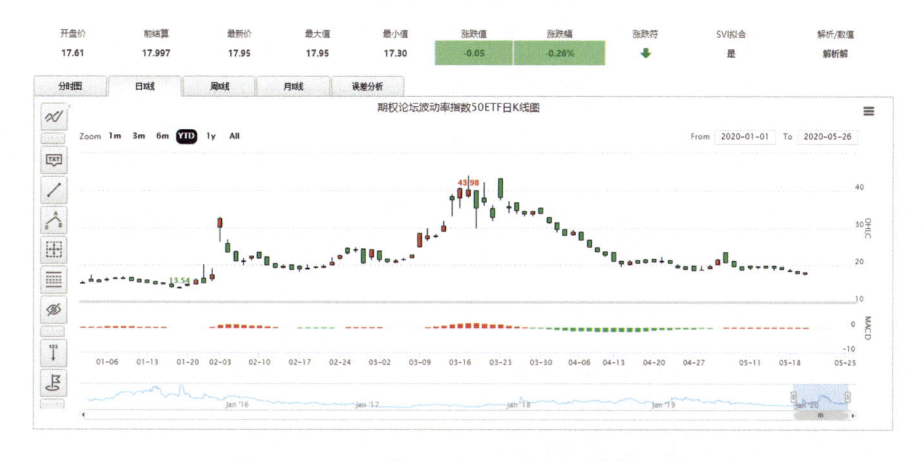

图 3-18　2020 年 1—5 月 50ETF 波动率走势

如图 3-19 所示为"300ETF 购 6 月 4000"合约走势，当时 300ETF 的价格在 3 月底开始反弹，但是相对应的合约并没有出现明显的价格上升，因为波动率在下降，如果介入时机过早，就有可能出现看对方向还亏损的现象。

图 3-19 "300ETF 购 6 月 4000"合约走势

（3）距离到期时间的长短

期权合约越接近到期时间，时间价值流失越快，作为期权的买方，合约距离到期时间的长短非常重要，如图 3-20 所示为期权权利金与时间的关系。在每个月月初的时候合约的时间价值比较高，此时轻度实值和轻度虚值的期权涨跌幅度差距并不大。如果行情尚可，则波动率没有明显下降，在每个月的月初可以尝试做轻度虚值期权，在月中可以做卖方，在月末就要考虑标的价格的波动对期权的影响了。

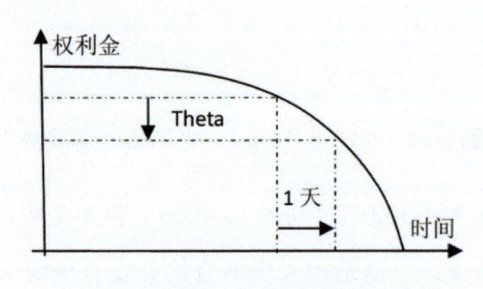

图 3-20 期权权利金与时间的关系

（4）持仓的周期

一般，对期权进行日内操作就考虑做平值合约，平值合约的波动率相对比较合理，价格适中，流动性也较好；如果做长线，就要考虑时间价值的衰减。如果我们不能一下子就看到这波行情未来的趋势，那么建议通过不同策略（如卖期权、价差策略等）跟随趋势获取收益。

2．卖出期权

（1）标的方向交易

关于卖出期权标的方向的交易，下面以案例来讲述。比如 2020 年 3 月，笔者使用合成空头做方向性交易，当时标的价格走势如图 3-21 所示，是连续单边下跌的行情。

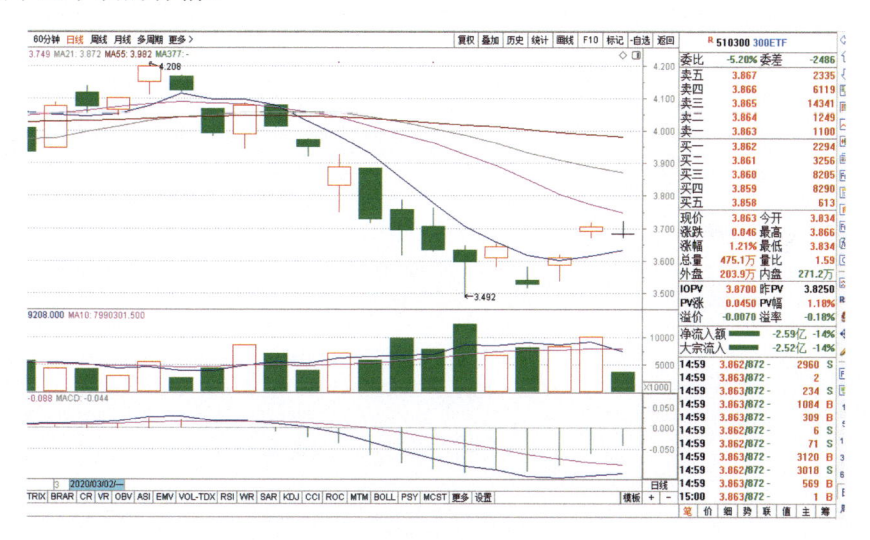

图 3-21 2020 年 3 月 300ETF 走势

如图 3-22 所示是笔者当时的持仓情况，在这个过程中笔者进行了一系列的移仓操作，做卖方获得了较大收益，但做买方却不敢仓位太重，因此做买方获利有限。

合约代码	合约名称	类型	持仓	可平	买入成本价	买入成本	浮动盈亏
10002153	300ETF购3月3600	义务	150	150	-0.0845	-126810.00	44160.00
10002154	300ETF购3月3700	义务	100	100	-0.0825	-82509.00	56009.00
10002155	300ETF购3月3800	义务	1	1	-9.2219	-92219.00	92088.00
10002156	300ETF购3月3900	义务	1	1	-1.0384	-10384.00	10317.00
10002157	300ETF购3月4000	义务	1	1	-4.6052	-46052.00	46010.00
10002158	300ETF购3月4100	义务	1	1	-3.3640	-33640.00	33612.00
10002163	300ETF沽3月3700	权利	50	50	0.1106	55280.00	28020.00
10002165	300ETF沽3月3900	权利	1	1	-4.5188	-45188.00	48632.00
10002289	50ETF沽3月2600	权利	90	90	0.0727	65470.00	6080.00
10002078	50ETF沽3月2900	权利	1	1	-4.5180	-45180.00	48663.00
	合计10		396	396		-361232.00	413591.00

图 3-22　2020 年 3 月笔者账户持仓

（2）波动率高低与升降

在波动率缓慢上升和快速上升时要避免使用做空波动率策略，少用卖跨策略，而使用价差策略和反比率价差策略。比如在 2020 年 1—5 月，波动率升到很高后回落，走势如图 3-23 所示，此时可以使用卖出跨式或宽跨式策略，赚取波动率下降的利润。

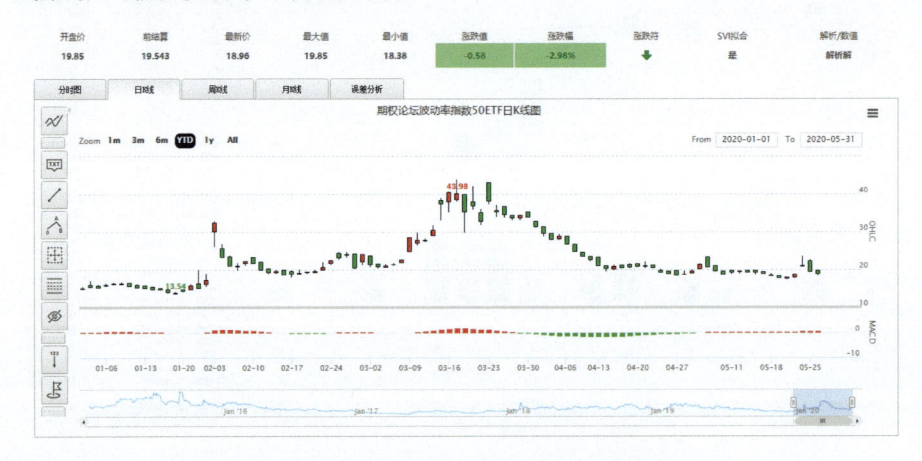

图 3-23　2020 年 1—5 月波动率走势

（3）时间价值衰减

"时间是买方的敌人，是卖方的朋友"，如果我们想赚取时间价值衰减的利润，可以使用 Delta 中性策略或备兑策略买入标的，再卖出相应的认购期权。

3. 选择合约之外的制胜秘籍

（1）使用策略单

投资者可以根据持仓观点的改变而更改策略单，如表 3-1 所示为常见策略及其适用行情。

表 3-1　常见策略及其适用行情

期权策略	适用行情	如何判断这类行情
买入认购	短期会有较大涨幅	形态走好、利好较多、资金竞相进入
买入认沽	短期会有较大跌幅	形态走差、利空较多、资金纷纷流出
卖出认购	横盘、微跌	形态纠缠、均线压制、波动率和时间价值较高
卖出认沽	横盘、小涨	形态纠缠、均线支撑、波动率和时间价值较高
合成多头	上涨行情且降低总资金杠杆	月初时间价值较高且形态走好，单边慢涨，抵消时间价值损耗
合成空头	月初时间价值较高、下跌行情且降低总资金杠杆	月初时间价值较高且形态走差，单边慢跌，抵消时间价值损耗
牛市价差	上涨，但涨幅在一定范围内	缓慢上涨，有反复的行情
熊市价差	下跌，但跌幅在一定范围内	缓慢下跌，有反复的行情
买入跨式	预期短期内会有大幅波动	短期内会有未知结果的大事件或在节假日之前，标的价格接近某一行权价的末日轮
卖出跨式	预期一段时间内不会有大幅波动	行情萎靡，各方无心恋战，波动率较高

利用好这些策略，就不用过度纠结对单一策略的选择，而是可以根据自己的仓位做很多策略组合，获取更符合自己预期的收益。

（2）策略单的变阵

持有策略单后，一旦发现所持有的合约策略不适用于现在的市场情况，就要根据行情走势进行实时调整，即进行策略单的变阵。比如在持有卖出跨式策略时，如果碰到下跌行情，则可以进行"卖出跨式→熊市价差+卖购→合成空头"的变阵。

（3）期权移仓操作

期权移仓操作非常重要，比如在行情涨速慢的时候买入平值、实值期权，在横盘时将平值、虚值期权转为实值期权，在行情涨速快的时候再将实值期权转为虚值期权。

3.4 白话波动率

波动率是除期权的方向和时间外的另一个非常重要的因素，越来越被众多投资者所关注。那么，到底什么是波动率呢？波动率对期权合约又有什么样的影响呢？下面以案例的形式为读者讲解。

看一下 2019 年 1 月 10 日的 50ETF 期权 T 型报价，如图 3-24 所示。

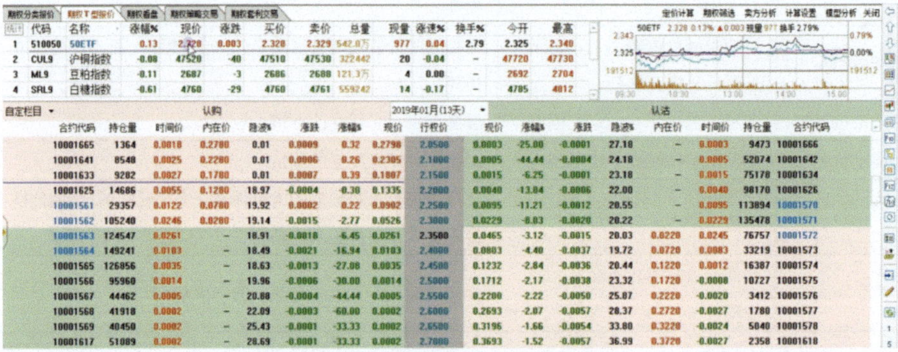

统计	代码	名称	涨幅%	现价	涨跌	买价	卖价	总量	现量	涨速%	换手%	今开	最高
1	510050	50ETF	0.13	2.328	0.003	2.328	2.329	542.0万	977	0.04	2.79	2.325	2.340
2	CUL9	沪铜指数	-0.08	47520	-40	47510	47530	322442	20	-0.04	-	47720	47730
3	ML9	豆粕指数	-0.11	2687	-3	2686	2688	121.3万	4	0.00	-	2692	2704
4	SRL9	白糖指数	-0.61	4760	-29	4760	4761	559242	14	-0.17	-	4785	4812

认购								2019年01月(13天)	认沽							
合约代码	持仓量	时间价	内在价	隐波%	涨跌	涨幅%	现价	行权价	现价	涨幅%	涨跌	隐波%	内在价	时间价	持仓量	合约代码
10001665	1364	0.0018	0.2780	0.01	0.0009	0.32	0.2798	2.0500	0.0003	-25.00	-0.0001	27.18	-	0.0003	9473	10001666
10001641	8548	0.0025	0.2280	0.01	0.0006	0.26	0.2305	2.1000	0.0005	-44.44	-0.0004	24.18	-	0.0005	52074	10001642
10001633	9282	0.0027	0.1780	0.01	0.0007	0.39	0.1807	2.1500	0.0015	-6.25	-0.0001	23.18	-	0.0015	75178	10001634
10001625	14686	0.0055	0.1280	18.97	-0.0004	-0.30	0.1335	2.2000	0.0040	-13.04	-0.0006	22.00	-	0.0040	98170	10001626
10001561	29357	0.0122	0.0780	19.92	0.0002	0.22	0.0902	2.2500	0.0095	-11.21	-0.0012	20.55	-	0.0095	113894	10001570
10001562	105240	0.0246	0.0280	19.14	-0.0015	-2.77	0.0526	2.3000	0.0229	-8.03	-0.0020	20.22	-	0.0229	135478	10001571
10001563	124547	0.0261	-	18.91	-0.0018	-6.45	0.0261	2.3500	0.0465	-3.12	-0.0015	20.03	0.0220	0.0245	76757	10001572
10001564	149241	0.0103	-	18.49	-0.0021	-16.94	0.0103	2.4000	0.0803	-4.40	-0.0037	19.72	0.0720	0.0083	33219	10001573
10001565	126856	0.0035	-	18.63	-0.0013	-27.08	0.0035	2.4500	0.1232	-2.84	-0.0036	20.44	0.1220	0.0012	16387	10001574
10001566	95960	0.0014	-	19.96	-0.0006	-30.00	0.0014	2.5000	0.1712	-2.17	-0.0038	23.32	0.1720	-0.0008	10727	10001575
10001567	44462	0.0005	-	20.88	-0.0004	-44.44	0.0005	2.5500	0.2200	-2.22	-0.0050	25.87	0.2220	-0.0020	3412	10001576
10001568	41918	0.0002	-	22.09	-0.0003	-60.00	0.0002	2.6000	0.2693	-2.07	-0.0057	28.37	0.2720	-0.0027	1780	10001577
10001569	40450	0.0002	-	25.43	-0.0001	-33.33	0.0002	2.6500	0.3196	-1.66	-0.0054	33.80	0.3220	-0.0024	5040	10001578
10001617	51089	0.0002	-	28.69	-0.0001	-33.33	0.0002	2.7000	0.3693	-1.52	-0.0057	36.99	0.3720	-0.0027	2358	10001618

图 3-24　50ETF 期权 T 型报价

虽然当天 50ETF 价格上涨了 0.13%，但是可以看到 1 月绝大部分认购期权的价格都是下跌的，尤其是虚值认购合约价格跌幅相对比较大，而认沽期权的价格全部都在下跌，跌幅各不相同。造成这种现象的原因就是波动率的下降。

我们再看波动率的 K 线，如图 3-25 所示，可以明显看出波动率下跌，从 31%跌到了 20%，之后升到 26%，然后跌到了 18%左右。

图 3-25　波动率的 K 线走势

1. 什么是波动率

波动率分为实际波动率、隐含波动率和历史波动率。实际波动率一般是标的在一段时间内的波动率，和标的价格波动的幅度有关。历史波动率是标的在过去一段时间的波动率。隐含波动率（Implied Volatility，IV）是将市场上的期权或权证交易价格代入权证理论定价模型（Black-Scholes 模型，简称 BS 模型）反推出来的波动率数值。如图 3-26 所示，在 K 线图下方显示了期权合约的历史波动率和隐含波动率，历史波动率和隐含波动率并未同步，反映了市场实际波动和预期波动之间的差值。

图 3-26　"50ETF 沽 6 月 2750"合约走势及其波动率

（1）波动率的影响因素

从实际交易角度来说，影响波动率的因素主要有两个。

一是标的价格的波动范围。在标的价格波动大的时候，波动率就会升高。比如，2020年2—3月50ETF的价格波动是比较大的（如图3-27所示），在标的价格波动大的时候，波动率自然就会升高，因为平值期权变成虚值期权或实值期权的概率会增大。

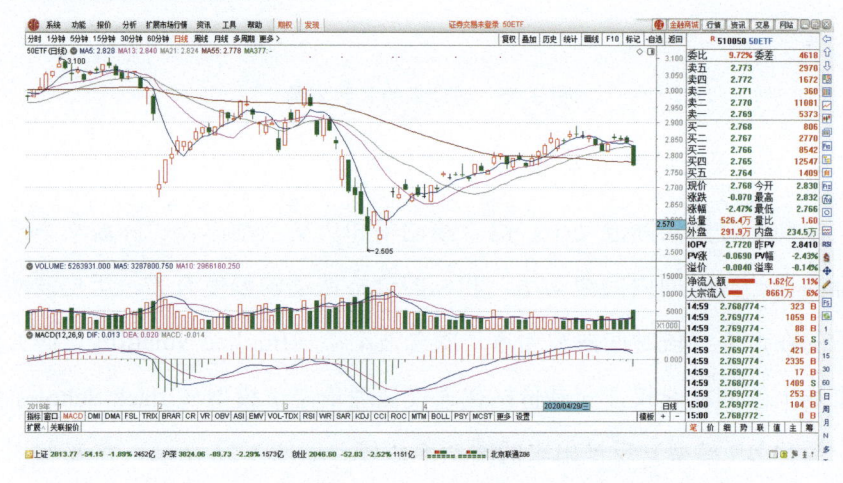

图3-27　2020年2—3月50ETF期权走势

如图3-28所示为2020年1—5月50ETF期权波动率走势。

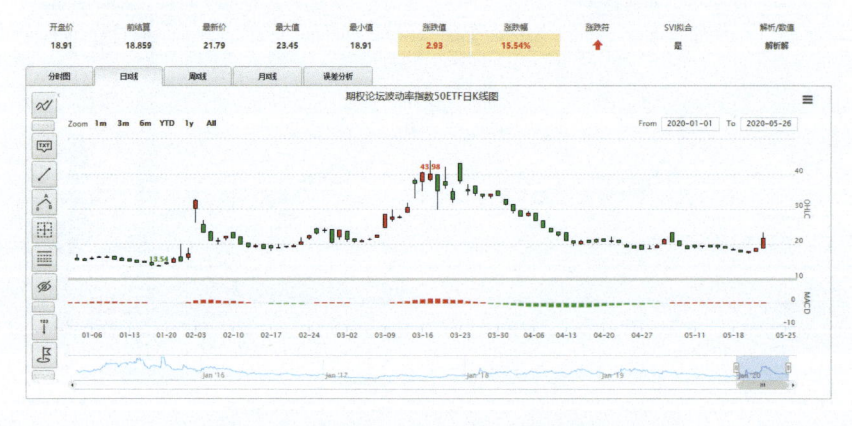

图3-28　2020年1—5月50ETF期权波动率走势

假设标的价格波动 0.01 元，则在平值附近的合约价格大约震荡 50 元/张，而如果标的价格波动 0.05 元，那么在平值附近的合约价格大约震荡 250 元/张。

如图 3-29 所示，在相当长的一段时间内，标的价格波动大概只有 0.1 元左右，这个时候波动率就比较小。像特斯拉这样的高价股票，其价格涨跌幅度比较大，导致它的波动率比较大。而一些市值比较大的股票和 SPY 等 ETF 基金，因为日内价格波动并不剧烈，所以它们的波动率也并不大。

图 3-29　2017 年 1—7 月 50ETF 期权走势

二是期权的价格。平值期权合约和虚值期权合约的价格越高，波动率就越大；期权合约的价格越低，波动率就越小。

（2）市场情绪反映

当市场预期标的价格会大涨时，投资者会主动买入该标的的认购期权，尤其是虚值认购期权。投资者在买入认购期权时大多不看价格，只求快点买入。当市场预期标的价格会大跌时，投资者会纷纷买入认沽期权做保护，同样地，投资者在买入认沽期权时很可能也不看价格，只求快点买入。但是，波动率是果而不是因，期权价格的上涨推动了波动率上升，波动率上升又对期权价格有推动作用。在熊市中，大多数投资者会在标的价格反弹时落袋为安，表现为标的价格上涨而波动率下降，在标的价格下跌时，投资者纷纷买入认沽期权做保护，表现为标的价格快速下跌而波动率上升。比如在2019年年初，在标的价格反弹的过程中，波动率持续下降，如图3-30所示。

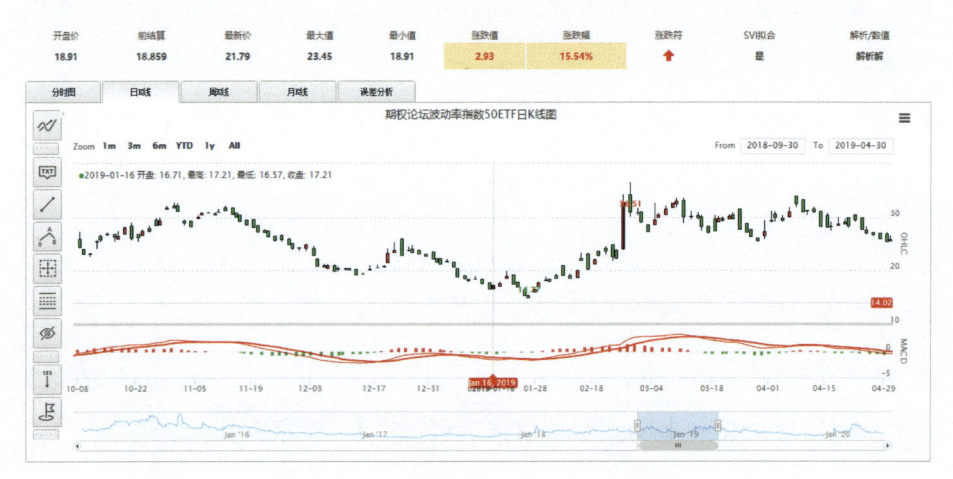

图3-30 价格反弹，波动率持续下降

2. 波动率引起的怪现象

很多时候投资者可能看对了方向但就是不盈利，这是什么原因呢？因为市场对未来行情有一个预期，认为接下来可能大涨或大跌，但是等市场横盘后，发现并不符合原来的预期，于是持仓者就开始进行止损或止盈操作。我们通过统计也能看出，虽然有些合约是增仓的，但都以卖方为主，所以波动率被越压越小，如图3-31所示。

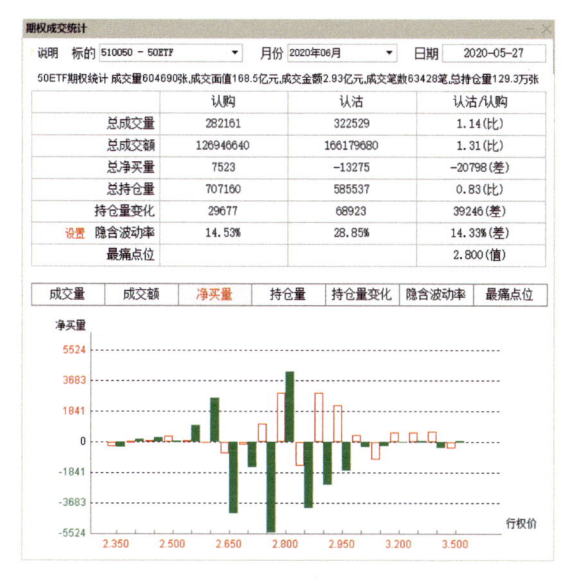

图 3-31 期权成交统计

波动率引起的现象还有以下几种，下面以案例的形式为读者讲解。

（1）标的价格大跌，虚值认购期权价格反而大涨，如图 3-32 和图 3-33 所示。

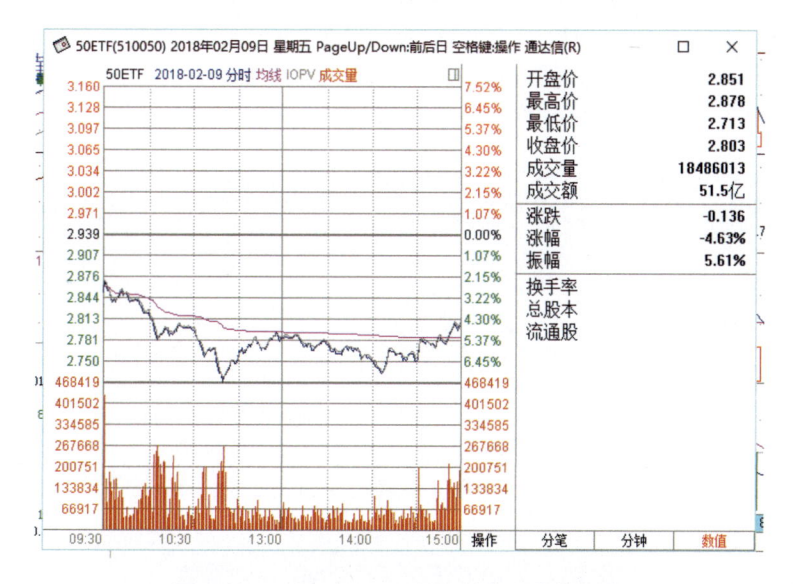

图 3-32　2018 年 2 月 9 日 50ETF 期权走势

图 3-33 2018 年 2 月 9 日虚值认购期权价格走势

（2）标的价格窄幅震荡，认购期权和认沽期权的价格跌幅都很大，如图 3-34 和图 3-35 所示。

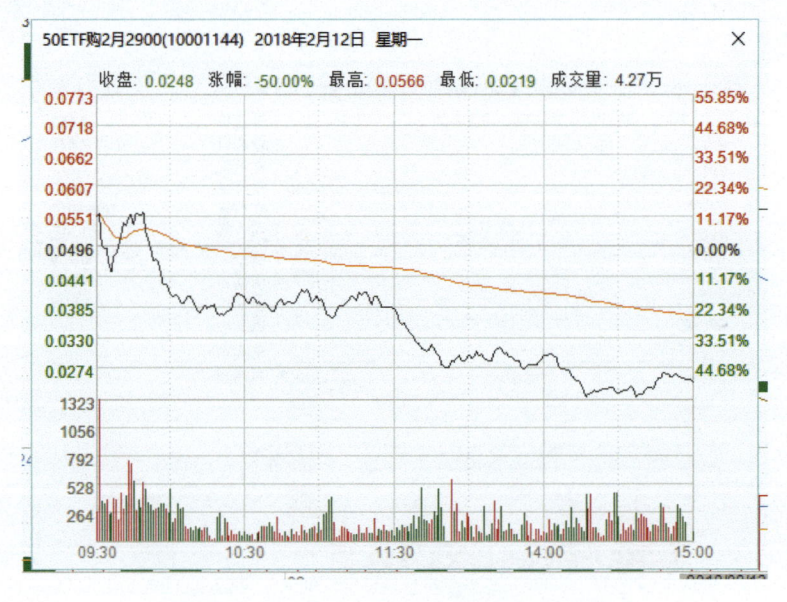

图 3-34 "50ETF 购 2 月 2900" 合约走势

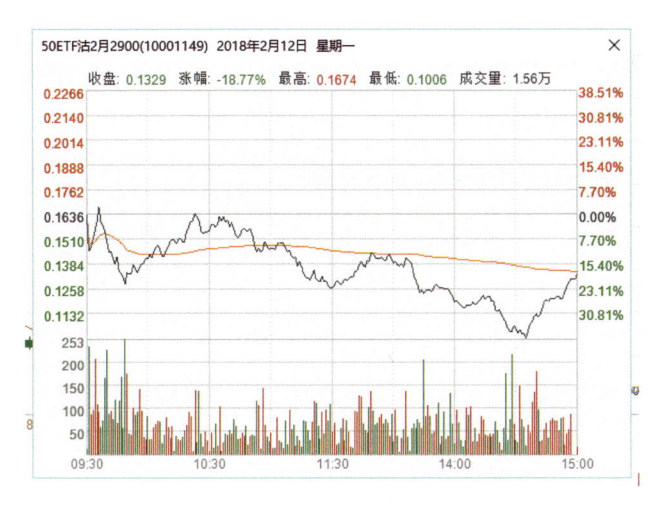

图 3-35　"50ETF 沽 2 月 2900"合约走势

为什么会这样呢？可以从投资者的情绪方面来解释，前面几天行情大跌，现在行情探底回升，市场上出现了一个小的"十字星"指标，对于看跌行情的人来说，市场价格没有继续下跌，对于看涨行情的人来说，市场价格也没有出现预期中的反弹，那么虚高的波动率就无法支撑现在的期权合约的价格，于是认购期权和认沽期权的价格都出现大幅下跌。

在豆粕期货中就出现过这种情况。如图 3-36 所示，2018 年 11 月 2 日夜盘，豆粕期货就已经跌停了。

图 3-36　豆粕期货 2018 年 11 月 2 日走势

"豆粕沽1月3000"合约在夜盘跌停后，期权价格上涨176%，到白天盘后认沽期权的价格还在上涨，如图3-37所示。

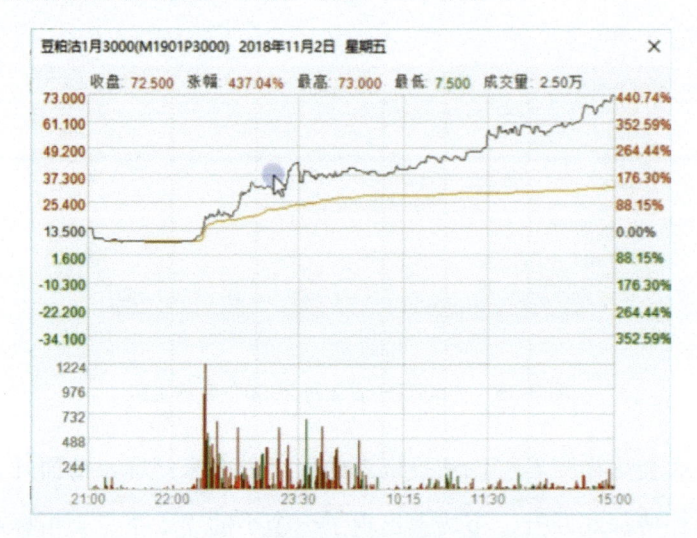

图3-37 "豆粕沽1月3000"合约走势

在2018年11月3日，豆粕期货的价格没有继续下跌，期权价格跌到了30元以下，如图3-38所示。

图3-38 豆粕认沽期权价格快速回落

（3）认购期权与认沽期权价格同涨、同跌

一般这种情况发生在标的价格没有大幅波动的时候，当之前的市场预期没有出现，波动率快速下行时，就会出现同跌；在较长假期之前或发生重大事件之前，就会出现同涨。同涨对买方有利，同跌对卖方有利，在一般情况下，同涨的行情不会持续太久，但同跌的行情可能常常存在，如图 3-39 和图 3-40 所示。

图 3-39　认购期权和认沽期权的价格都下跌

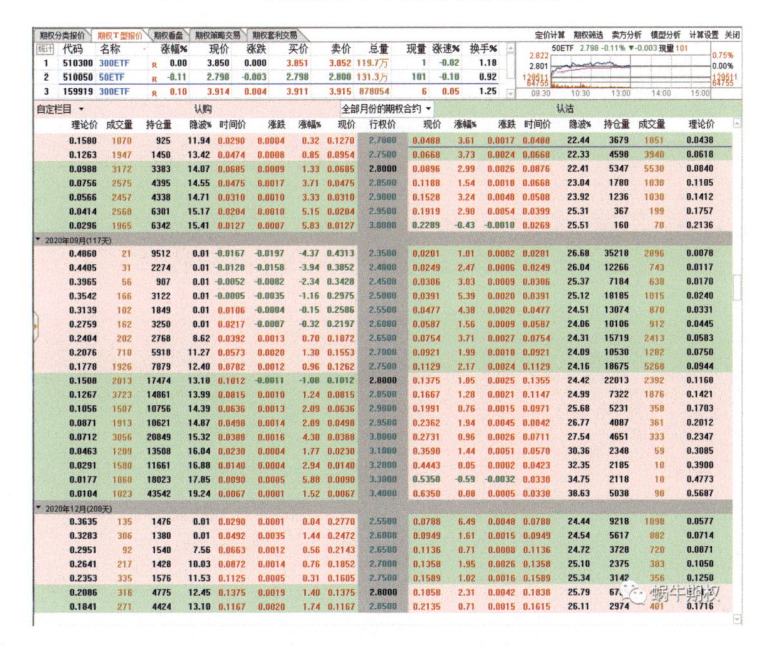

图 3-40　2020 年 5 月 29 日期权 T 型报价

（4）波动率崩塌

波动率崩塌在重大事件发生前后的市场博弈中特别明显，波动率崩塌的本质是很多人买跨式期权博取更大的收益。一般情况下，当上市公司的财报公布后，如果财报中的信息没有出现市场预期中的大幅波动，或者预期中的重大事件并没有发生，没有达到买入跨式期权投资者的预期，那么就会发生投资者将认购期权与认沽期权同时平仓的情况，导致波动率崩塌。

如图 3-41 所示为波动率与标的价格叠加走势，第一个箭头的位置是 2018 年 2 月，标的价格的调整速度较快，导致波动率大涨；第二个箭头的位置是 2018 年 5 月，某些预期事件落地，导致波动率大跌，而预期的事件并没有什么影响；第三个箭头的位置是在 2018 年 6 月大跌之后；最后一个箭头的位置是 2018 年 11 月，人们生活中出现的一系列大事件对金融市场并没有影响，所以本来高企的波动率出现了快速下跌。

图 3-41 波动率与标的价格叠加走势

在期权交易中，方向判断只是其中的一方面，不可能每次方向都判断正确，而且就算判断对方向也未必赚钱，因为如果波动率不正确，即使方向判断正确，也会亏损。所以，在进行期权交易时，要充分了解波动率的影响。

3．用策略单降低波动率的影响

我们可以考虑卖出相对较虚值的合约，同时买入较实值的合约。比如，可以用垂直价差、比率价差等策略进行买卖。在一段震荡行情中，使用期权策略单有非常明显的优势，同时可以用合成多头/空头来减少波动率和时间价值的影响。

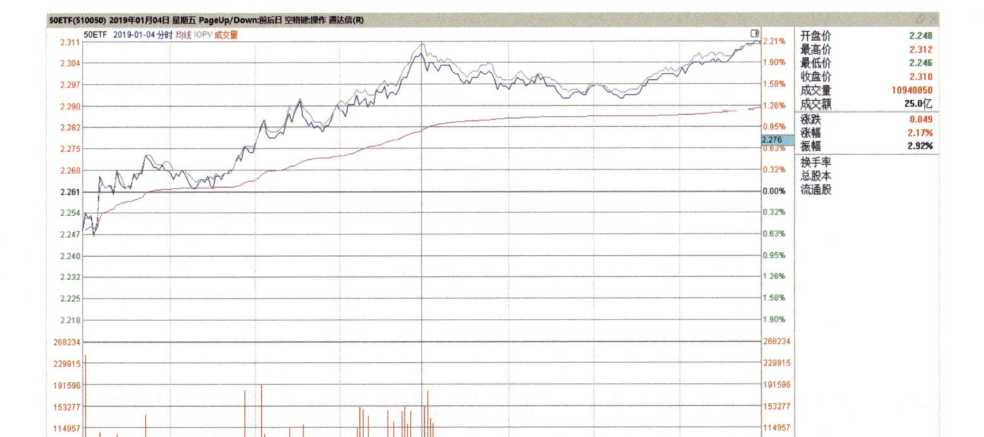

如图 3-42 所示为 2019 年 1 月 4 日 50ETF 期权的走势。

图 3-42　2019 年 1 月 4 日 50ETF 的走势

3.5　复杂策略

期权的基本策略有买入认购、买入认沽、卖出认购、卖出认沽。期权的各种复杂策略都是由这些基本策略组成的，复杂策略的作用有对现货进行保护、降低杠杆、对可能发生的情况进行纠错等。那么，复杂策略包括哪些呢？

1．保守策略

保守策略的风险相对来说比较小，账户净值波动不大，安全稳健，包括备兑开仓、保险策略和合成头寸。

（1）备兑开仓

备兑开仓是一种比较安全且控制杠杆的策略，在操作上就是买入现货和卖出认购，如图 3-43 所示。

合约代码	合约名称	类型
10001587	50ETF购3月2650	权利
10001619	50ETF购3月2700	备兑
10001728	50ETF购3月2900	备兑
10001619	50ETF购3月2700	权利
	合计4	

103974.00 半仓盈亏 41120.40

图 3-43 备兑开仓

在图 3-43 中，投资者买入了 50ETF，同时卖出平值 3 月 2700 认购合约和虚值 3 月 2900 认购合约，这两个合约不能超过现货的数量，比如买入 10 000 股 50ETF，可以备兑 1 张认购期权。若长期持有 50ETF、300ETF 等指数基金，通过卖出认购期权来获取认购期权的时间价值并降低持仓成本，那么就可以使用该策略。

（2）保险策略

保险策略是指持有现货的同时买入认沽期权，从而为现货提供保护，类似图 3-44 所示的持仓结构。比如，买入了 50ETF，之后买入轻度虚值认沽期权作为保护，这样可以通过认沽期权的收益来弥补现货价格下跌的损失。该策略适用于看好未来市场，同时又怕行情下跌的情况，常常在牛市的中后期使用。

合约代码	合约名称	类型	持仓	可平	买入成本价	买入成本	平仓盈亏
10001398	50ETF沽8月2450	权利	53	53	0.0395	20938.90	2593.10
10001399	50ETF沽8月2500	权利	100	100	0.0558	55811.00	26389.00
10001400	50ETF沽8月2550	权利	100	100	0.0747	74680.20	53419.80
	合计3		253	253		151430.10	82401.90

图 3-44　买入认沽期权的保险策略

（3）合成头寸

合成头寸包括两种：合成多头和合成空头。合成多头=买入认购+卖出认沽，如图 3-45 所示。合成空头=买入认沽+卖出认购。

合约代码	合约名称	类型	持仓	可平	买入成本价	买入成本	平仓盈亏
10001619	50ETF购3月2700	权利	55	55	0.1006	55347.50	2347.50
10001595	50ETF沽3月2600	义务	1	1	-3.4885	-34884.60	34824.60
10001596	50ETF沽3月2650	义务	50	50	-0.0417	-20863.50	15463.50
10001620	50ETF沽3月2700	义务	92	92	-0.0257	-23617.00	4573.00

图 3-45　合成多头持仓

当期权有很高的时间价值时，如果只是做买方，就会担心时间价值有损耗，这时可以使用合成头寸策略添加卖方来避免时间价值的损耗。简单来说就是持仓中的买方的时间价值有亏损，而卖方的时间价值有收入，所以可以添加卖方抵消亏损，如图 3-46 所示。另外，使用合成头寸策略可以抵消波动率的升降，作为买方，遇到波动率下降就会亏损，那么此时通过卖出虚值期权，就可以在波动率的维度上抵消亏损。合成多头在一定程度上可以不受时间价值损耗和波动率的影响，是一个对标的极度看好/看空的策略，注意需要进行资金管理和仓位控制。

图 3-46 期权 T 型报价

2. 震荡策略

震荡策略包括买入跨式（宽跨式）策略和卖出跨式（宽跨式）策略。

（1）买入跨式（宽跨式）策略

买入跨式（宽跨式）策略的结构为买入认购合约和买入认沽合约，适合短期内判断标的价格大幅波动或波动率会上升的行情。期权相对于股票和期货来说有一个很明显的优点，即具有非线性杠杆，也就是收益和亏损具有不对称性，从而派生出一种非常有意思的策略——买入跨式（宽跨式）策略，如图 3-47 所示。

图 3-47 买入跨式（宽跨式）策略

笔者在 2019 年春节前买入 100 张认购期权和 99 张认沽期权，这就是一个买入跨式（宽跨式）策略。买入跨式（宽跨式）策略损益图如图 3-48 所示。

图 3-48 买入跨式（宽跨式）策略损益图

在合约到期时，如果标的价格在 3.86～4.13 元，那么我们这个组合就会亏损；如果标的价格朝着任何一个方向大幅波动（大涨或大跌），那么我们就可以盈利。

虽然买入跨式（宽跨式）策略的成本相对比较低，但是需要价格跌得更多或涨得更多才可以盈利，所以买入跨式（宽跨式）策略适合预期市场会有大幅波动的情况。买入跨式策略也有风险，如果标的价格在长时间内窄幅波动，没有大涨和大跌，那么使用买入跨式（宽跨式）策略就会亏损，因为波动率会下降，时间价值会流失。

（2）卖出跨式（宽跨式）策略

卖出跨式（宽跨式）策略的结构为同时卖出认购合约和认沽合约，如图 3-49 所示。

图 3-49 卖出跨式（宽跨式）策略

卖出跨式（宽跨式）策略有三种常见的使用场景。第一种使用场景是在行情窄幅震荡时卖出平值期权或虚值期权,以获取窄幅震荡时期权权利金因时间价值衰减得到的收益,下面用案例来讲解。

假设市场在窄幅震荡中,我们选择双卖平值期权,如果没有价格大涨或大跌的行情,我们就可以平稳地收到该组合约的权利金,但是如果行情大涨或大跌,我们就会面临比较大的亏损。如果使用卖出跨式(2800 沽/3000 购)策略,则获利概率更大,但是收益金额会略少。卖出跨式(宽跨式)策略损益图如图 3-50 所示。

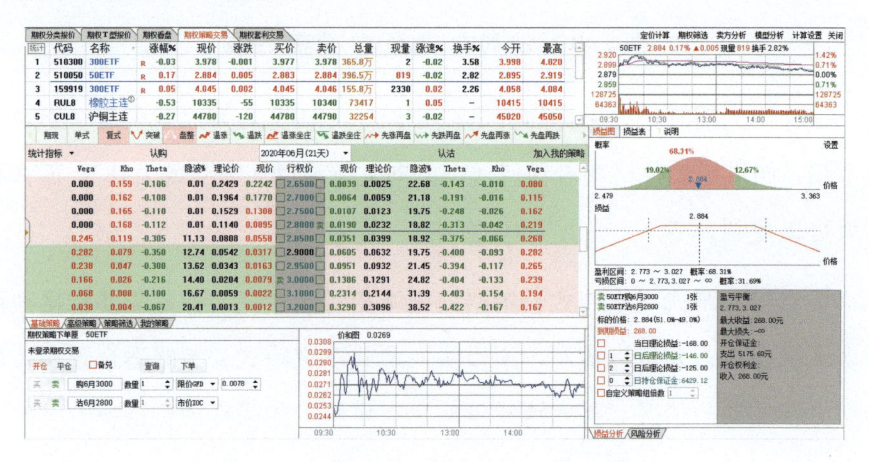

图 3-50　卖出跨式(宽跨式)策略损益图

第二种使用场景是在震荡行情中,卖出行权价为箱体顶部和箱体底部之外的期权合约,以博取标的价格波动不超出区间的收益。

第三种使用场景是在波动率下降时,卖出跨式(宽跨式)期权,因为在波动率快速下降时,认购期权和认沽期权的涨幅有限。当标的价格上涨时,认购期权的涨幅在 10%以内,认沽期权的跌幅在 30%左右;当标的价格下跌时,认购期权的跌幅在 30%以上,认沽期权的涨幅在 10%以内,最后两个方向的期权都朝着归零去运行,两头盈利。

这个策略的优势在于,双边卖出不用缴纳手续费,在策略构建时能够收到较多的权利金。两个盈亏平衡点距离比较远，只要标的价格没有较大的波动，都可能获利且获利概率较大。将该策略结合波动率的下降来使用，效果会更好。

这个策略的劣势在于，如果标的价格大涨或大跌，就可能亏损，并且潜在的损失是无限的，需要对标的价格的窄幅震荡和波动率的下降趋势有一个较准确的判断。一般卖出跨式（宽跨式）期权持有的时间较长，适合资金较多的长线投资者。

这个策略如何调整和收尾呢？当标的价格朝着卖出跨式（宽跨式）策略的某个方向运行时，可以在该方向加上买入期权的操作来构成垂直价差和卖虚值期权进行对冲，可以在一定程度上弥补损失。如果标的价格没有较大的波动，或者波动率持续下降，则可以安稳地收到两边的权利金。

3. 价差策略

（1）牛市价差策略

牛市价差策略的操作是买入实值或平值认购期权并卖出虚值认购期权。该策略适合慢涨行情，价格上涨和下跌都有限。牛市价差策略损益图如图 3-51 所示，

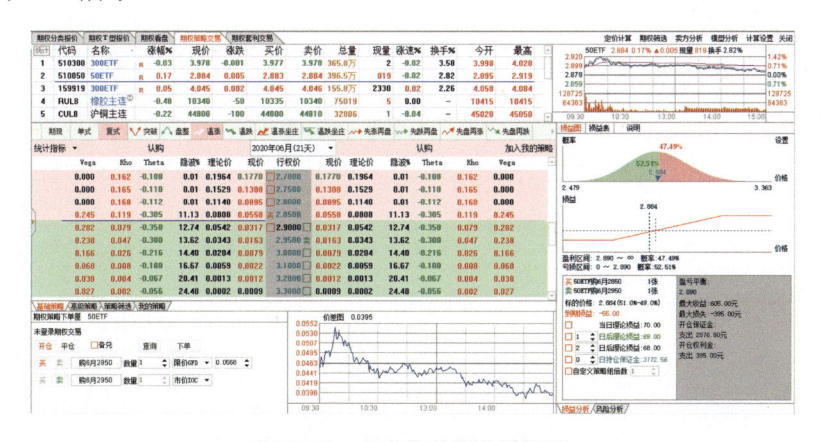

图 3-51　牛市价差策略损益图

牛市价差策略的特点是风险和收益被锁定在一定的范围内，如果标的价格窄幅上涨，则实值合约价格上涨，但是虚值合约价格会下跌或归零。

比如，2020 年 6 月，300ETF 价格震荡上涨，如图 3-52 和图 3-53 所示，实值认购"300ETF 购 6 月 3900"合约价格在一周内涨了 600 多元，而虚值认购"300ETF 购 6 月 4100"合约价格在该阶段小幅上涨了 100 多元，如果使用牛市价差策略，买入"300ETF 购 6 月 3900"合约并卖出"300ETF 购 6 月 4100"合约，就会有丰厚的盈利。

图 3-52　"300ETF 购 6 月 3900"合约走势

图 3-53　"300ETF 购 6 月 4100"合约走势

（2）熊市价差策略

熊市价差策略的操作是买入实值或平值认沽期权并卖出虚值认沽期权。该策略适合慢跌行情。熊市价差策略损益图如图 3-54 所示，熊市价差策略和牛市价差策略一样，收益和亏损都有限。

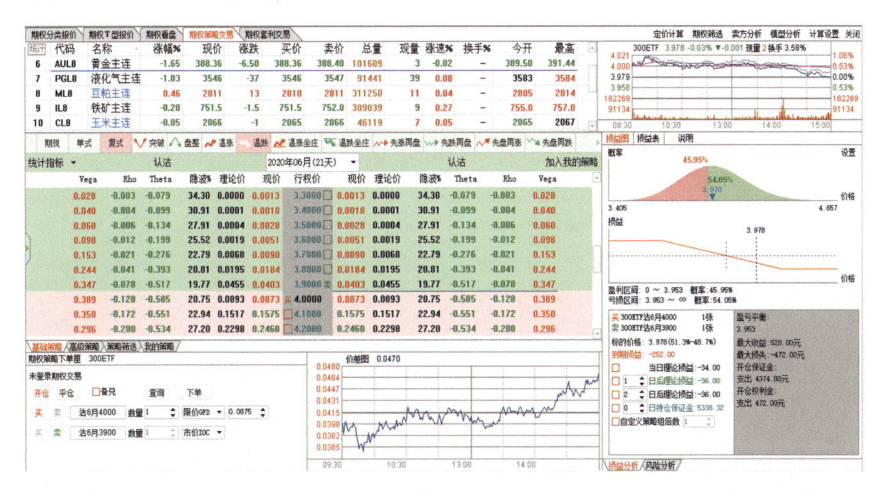

图 3-54　熊市价差策略损益图

（3）比率价差策略

比率差价策略的操作为买一份实值期权并卖出 N 份虚值期权。如图 3-55 所示，买入 30 张"50ETF 购 8 月 2400"合约并卖出 101 张"50ETF 购 8 月 2500"合约，即为 1:3.3 的比率价差。

图 3-55　使用比率价差策略持仓

比率价差策略适合的情况：判断短期行情会上涨（下跌），但上涨（下跌）的幅度不会很大，或者期权合约快到期，想获取虚值期权时间价值，但又怕该期权合约价格会上涨，所以买一点实值期权进行对冲，卖出期权比买入期权要多。比率价差策略损益图如图3-56所示。

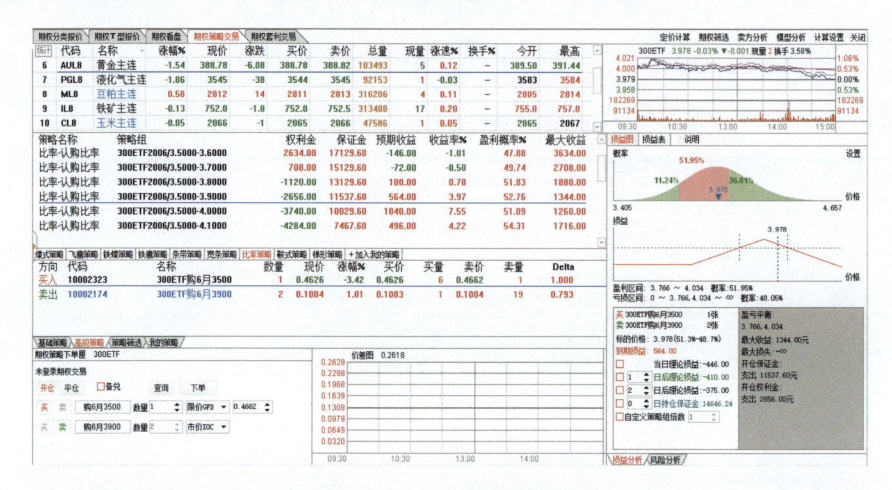

图 3-56 比率价差策略损益图

如果买方与卖方的比率比较高，就会出现收到的权利金覆盖支出的权利金的情况，以认购比率来说，下跌不会有实际亏损，但是最怕行情大幅上涨出现亏损。还有一种应用的情况：在临近期权末日的时候，我们想获取虚值期权的权利金，但又担心不安全，就可以考虑在卖出多份虚值合约后买入相应的实值合约。

（4）日历价差策略

日历价差策略简单来说就是将近月合约和远月合约进行组合，买入近月合约、卖出远月合约或买入远月合约、卖出近月合约。前者的主要目的是获取远月合约波动率下降的利润，做空波动率、做多波动，即做空Vega、做多Gamma；后者的主要目的是获取近月合约时间价值快速下降的利润或做多远月波动率的利润。日历价差策略损益图如图3-57所示。

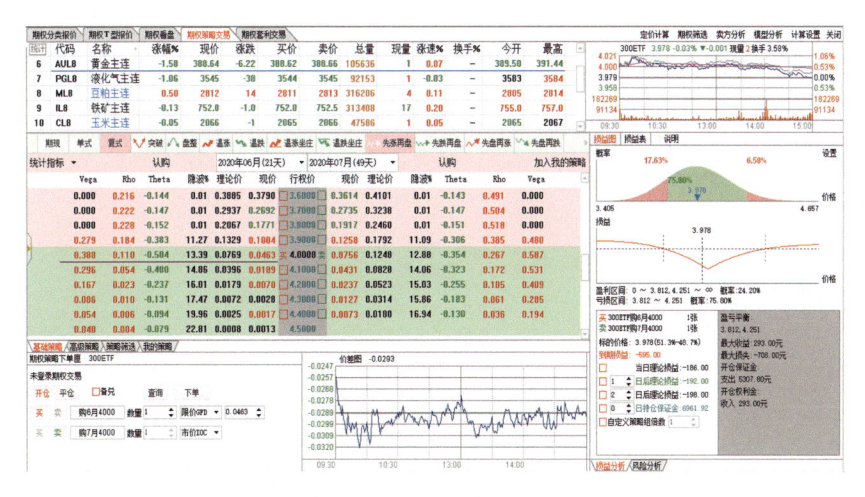

图 3-57　日历价差策略损益图

在期权市场中一般常用的复杂策略就是以上几种，当然还有更加复杂的策略，但更复杂的策略不在我们这本书讨论的范围内，读者可以根据自己对市场的判断组建自己的期权策略。

3.6　技术分析在期权上的应用

在期权市场中，我们所获得的利润大部分来自对标的价格未来走势的判断，而判断标的价格未来的走势就要进行技术分析。

很多人说技术分析在真实的投资市场中作用很小，有局限性，那么我们在投资时的下单依据是什么呢？其实，在实际市场中，很多投资者还是会将技术分析指标作为下单依据的，只要在使用某种技术指标时有一定的胜率就足够了。下面看一下几个期权品种标的在一段时间内的走势，如图 3-58～图 3-60 所示。

从图 3-58 可以看出，50ETF 在 2019 年 6 月之后是震荡攀升的走势，攀升速度比较缓慢，在 2020 年上半年经过"上涨—下跌—缓涨"三波流畅的波段后，开始上升行情。

图 3-58　50ETF 走势

从图 3-59 可以看出，沪铜主连合约在 2019 年下半年处于长时间横盘状态，在 2019 年年底向上小幅攀升之后，于 2020 年开启了一波大幅度快速下跌行情，随后行情震荡上行，到 2020 年 6 月初，行情收复"失地"。

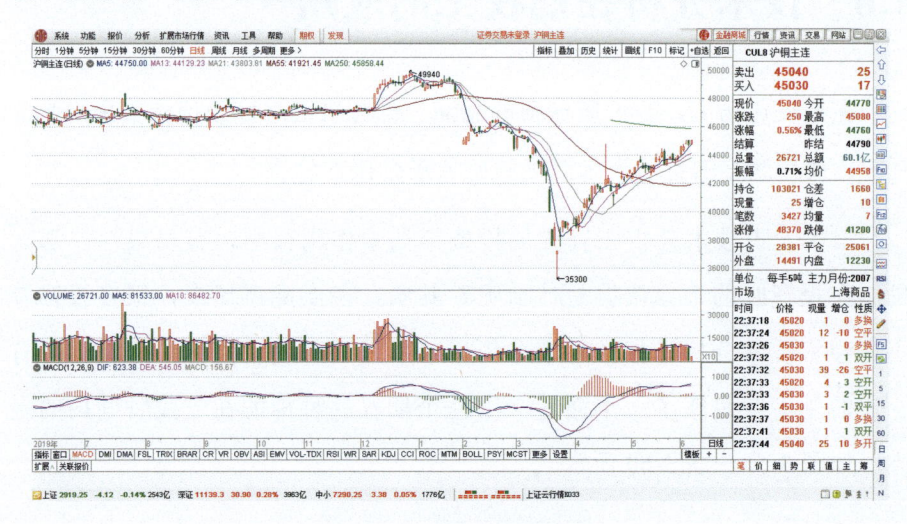

图 3-59　沪铜主连合约走势

从图 3-60 可以看出，铁矿主连合约在 2019 年 6—8 月有一波快速上涨行情，随后是快速的单边下跌行情，接着行情在一个区间内震荡了很长时间，在 2020 年 4 月后开始了快速上涨行情。

图 3-60 铁矿主连合约走势

从以上几个比较有趋势性的品种走势可以看出，做行情趋势分析可以参考一些常见的技术指标，比如均线、MACD 等。相信大部分投资者都使用过很多技术指标，但是如果使用技术指标的正确率低于 30%，则说明该技术指标的参考价值不大。在期权市场中，如果使用技术指标的正确率能达到 50%，那么买方就能有比较好的盈亏比，卖方也会有比较高的胜率。

1. 常见的技术分析指标

（1）道氏理论

道氏理论：股票价格会随着市场的趋势同向变化，以反映市场的状况。股票价格的变化表现为三种趋势：主要趋势、中期趋势及短期趋势。

主要趋势：股票价格跟随市场趋势出现上升或下跌的行情且持续一年或以上，一般上升或下跌的幅度超过 20%。

中期趋势：股票价格的涨跌方向与市场的基本趋势方向完全相反且持续超过 3 个星期，股票价格的涨跌幅度为市场行情基本趋势的三分之一至三分之二。

短期趋势：只反映股票价格的短期变化，持续时间不超过 6 天。

牛市的特征表现：主要趋势由三次主要的上升动力所组成，其中被两次下跌所打断。在整个活动周期中，每一次下跌都比上一次下跌幅度小，即低点不断被抬高，高点也不断被抬高。牛市通常由几次中期趋势的下跌和恢复所构成。

（2）均线、形态

可以使用均线来判断行情趋势，还可以用均线来判断当前的走势形态。如图 3-61 所示为 2020 年上半年 300ETF 走势，2020 年上半年有几波比较明显的行情，在这几波行情中的操作都能以均线为参考。

一般有 W 底、V 型反转、M 头、三重底等形态，通过形态可以看出当前合约价格在整个趋势中所处的位置。

图 3-61　2020 年上半年 300ETF 走势

（3）MACD 及其背离、KDJ

从图 3-61 中的日线来看，在 2020 年 2 月中旬、4 月初、6 月初都有

MACD 金叉，在这些金叉位置进场稍微有点晚，因为标的价格已经上涨了一段时间，但是如果 MACD 趋势可以持续，则在这些金叉位置入场一点都不晚。那么，什么是 MACD 背离呢？如图 3-62 所示，图中的箭头所指之处就是 15 分钟的顶背离，标的价格的第二次高点比第一次高点还要高，但是 MACD 指标比前一次指标低，形成了 MACD 死叉，说明后一波行情的上涨比前一波行情的上涨要慢，动能减弱，市场将迎来调整。

图 3-62 15 分钟顶背离

当然，在出现 MACD 背离和死叉时，行情不一定下跌，也可能会横盘，直到背离被化解才重抬升势。

KDJ 在震荡行情中比较有参考价值，在趋势行情中的适用性稍微弱一些，因为 KDJ 比 MACD 敏感。如图 3-63 所示，KDJ 指标在上升行情中很容易出现回调死叉的卖出信号。

图 3-63　KDJ 指标

（4）布林通道

布林通道的上轨和下轨定义一个区间，一般情况下，趋势碰到布林通道的上轨就会回落，碰到下轨就会反弹，如图 3-64 所示。布林通道开口向上，趋势就会沿着布林通道开口方向运动。

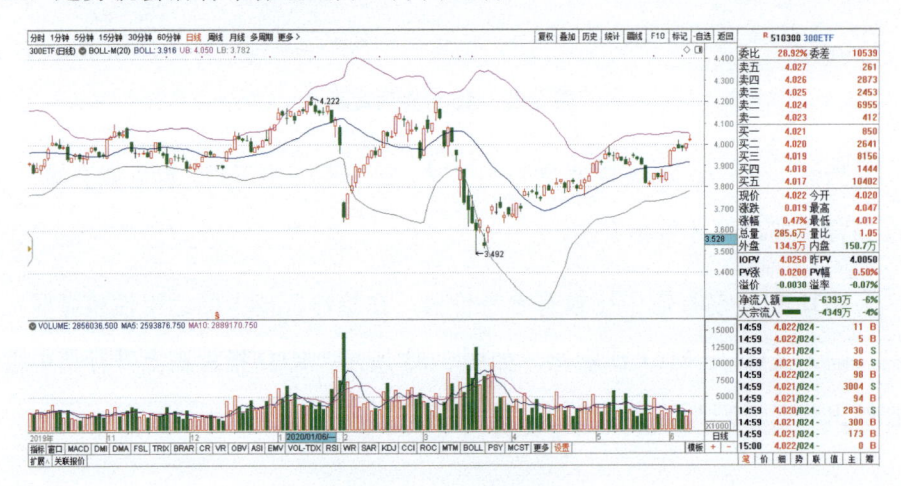

图 3-64　布林通道指标

2. 技术分析指标的应用

(1) 根据标的价格的方向确定操作方式

可以根据道氏理论中的 K 线排列和对趋势的判断，来决定所使用的持仓策略。若 K 线一直在 5 日均线和 10 日均线之下，则可以判断趋势为空头；若 K 线一直在 5 日均线和 10 日均线之上，则可以判断趋势为多头，如图 3-65 所示。如果是震荡趋势，则可以将操作周期缩短。在判断好方向后，再决定是做买方还是做卖方。注意，在趋势行情中最好不要做卖跨操作，而在震荡趋势中可以以卖跨策略为主。使用卖跨策略是在趋势方向不明朗时的权宜之计，而不是在趋势方向明确后扩大战果的方法，在趋势方向明确时，选择卖单边比较好。

另外，不同的品种所参考的均线各不相同，而且单一指标的有效性是比较差的，所以需要将一些指标配合使用，比如 MACD 就是一个很好的指标。随着期权品种的增多，可以多留意一下各个品种的机会。

图 3-65　2018 年 3 月—2019 年 3 月 300ETF 走势

(2) 进出场的参考

可以使用均线系统来分析波段行情和日内操作。如图 3-66 所示，在这段行情中，若 1 月 4 日入场，则可以把 5 日均线作为进出场的标准，价格放量突破 5 日均线就进场，价格跌穿 5 日均线就出场。从保持持仓结构的角度来看，如果已经是多头排列，则可以先开出卖沽合约或买入认购合约来调整持仓结构，如果之前的趋势发生改变，则可以将买入的认购合约进行平仓。

图 3-66　2018 年 12 月—2019 年 5 月 50ETF 走势

如果觉得日线级别太迟钝了，那么还可以看分钟级别，比如 30 分钟的 20 日均线（如图 3-67 所示），或者 60 分钟的 10 日均线（如图 3-68 所示），都可以作为进场与出场的参考标准。

图 3-67　30 分的 20 日均线图

第 3 章 策 略 篇

图 3-68　60 分钟的 10 日均线图

（3）压力位与支撑位的参考

俗话说"上升时不看压力位，下跌时不看支撑位"，只要行情趋势确立了，就很难打破。如果是震荡行情，那么可以保持一定的底仓，在双卖的情况下做一些高抛低吸的操作。

3．技术分析结合其他指标

（1）结合波动率升降决定买卖操作

简单来说，波动率上升（升波）适合买方，波动率下降（降波）适合卖方。如图 3-69 所示，2018 年 9 月底—11 月初，行情一直是升波趋势，之后就开始一路降波。可以发现在降波阶段，无论是卖出认购合约还是卖出认沽合约，都会盈利。

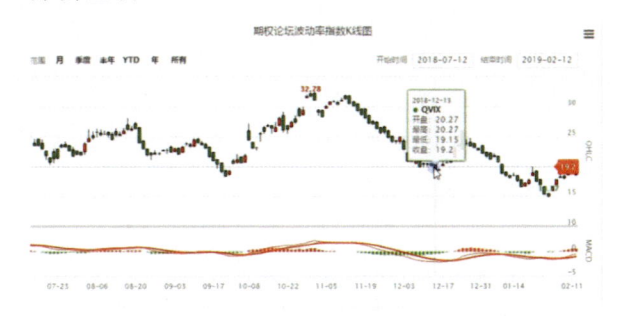

图 3-69　波动率走势

（2）结合希腊字母选合约

什么时候选择实值合约、什么时候选择虚值合约？一般来说，在行情上涨初期选择实值合约，因为实值合约比平值合约和虚值合约涨幅更大且回撤比例小。但是到了行情上涨加速阶段，平值合约和虚值合约的优势就会显现出来。

新手在选择实值合约、平值合约、虚值合约时，可以结合希腊字母，深度实值期权的 Delta 为 1，平值期权的 Delta 在 0.5 左右。Vega 和波动率有关，从 Vega 数值可以看出波动率的高低。在移仓的时候可以根据 Gamma 值的峰值进行移仓，比如标的在平值时的 Gamma 值最大，当标的变为实值后，Gamma 值就会下降，此时就可以将标的向虚值移仓。

3.7　波段操作之法

对于一般的期权投资者来说，投资期权最大的愿望就是在一波大行情里赚取较多的利润，而且最好遇到一波连续的牛市。在熊市中，由于行情经常下跌、反弹，再叠加波动率的高位，所以做认沽期权很难赚取利润。期权的日内操作非常考验投资者的操作水平，想要盈利并不容易，日内操作做得好的是日内增强，做得不好的就是日内减弱，还会浪费手续费，最后很可能得不偿失。

在一个波段行情中，不同的期权投资者，由于仓位和合约的配置不同，在收益上可能会有几倍甚至几十倍的差距。如图 3-70 所示是 2019 年 1—3 月 50ETF 走势，如果单纯做 ETF 高抛低吸的波段，则盈利机会很小，而在日 K 线级别的阴线中，波动非常大，但是大部分投资者很难接受这么大的波动。

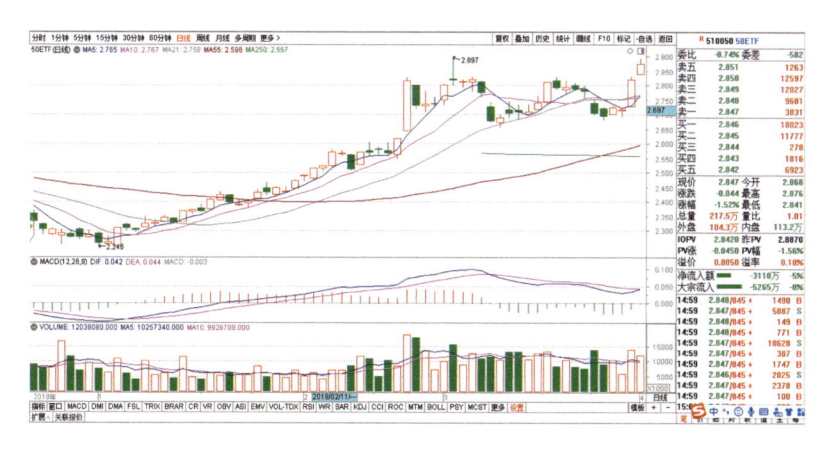

图 3-70　2019 年 1—3 月 50ETF 走势

1. 技术指标

波段操作参考的技术指标比较简单，常见的有以下两种。

（1）日线均线

如图 3-71 所示为 50ETF 日线均线，在 2019 年 1 月 4 日 50ETF 放量上穿 5 日均线后变为多头，K 线一直沿着 5 日均线上升，之后 5 日均线连续上穿 10 日均线、20 日均线、55 日均线，各个均线形成多头排列的势头。

图 3-71　50ETF 日线均线

（2）板块轮动

股指和 ETF 都由成份股组成，且蓝筹股的比例比较大，当板块一起发力或轮动时，板块中的标的就会有一轮比较好的行情趋势。如图 3-72 所示，50ETF 和 300ETF 所对应的成份股和板块中有证券公司、保险机构和银行，其中中国平安的占比最大。如果做波段行情，一定要先看板块中占比较大的权重股的走势，再看相关板块的走势。

图 3-72　50ETF 和 300ETF 的主要成份股和板块

2．常见操作

（1）单边行情

在单边行情中不要逆势操作，应顺势做多或做空。如图 3-73 所示为 2020 年 6—10 月动力煤走势，可以看到在 8 月中旬—10 月，动力煤处于单边上升行情，此时做多动力煤会获得较好的利润。

图 3-73　2020 年 6—10 月动力煤走势

（2）震荡行情

在震荡行情中，如果做买方，一定要有进出场的标准。如果看日线，则在 K 线站上 5 日均线时进场，在 K 线跌破 5 日均线时出场。要记得设置止盈和止损点位，在看对方向的时候要分批止盈，在看错方向的时候要及时止损，同时灵活结合反手操作，在买购期权与买沽期权之间和卖购期权与卖沽期权之间进行无缝转换，当然这种操作也会提高资金的摩擦成本。在震荡行情中最好快进、快出，因为震荡行情中的盈利行情很短，很难持续盈利。

（3）移仓管理

如图 3-74 所示为 2017 年 10—11 月 50ETF 走势，一般在快速上涨的行情中可以将实值期权移为平值期权及虚值期权，当转为震荡行情时，再将其移为实值期权，因为在震荡行情中实值期权的跌幅要小于平值期权和虚值期权的跌幅，当行情快速拉升时再转为虚值期权。注意，实值期权在移仓平值期权或虚值期权时不要等金额移仓，因为一旦行情变化，就会出现大幅回撤，可以等张数移仓或直接进行利润移仓。

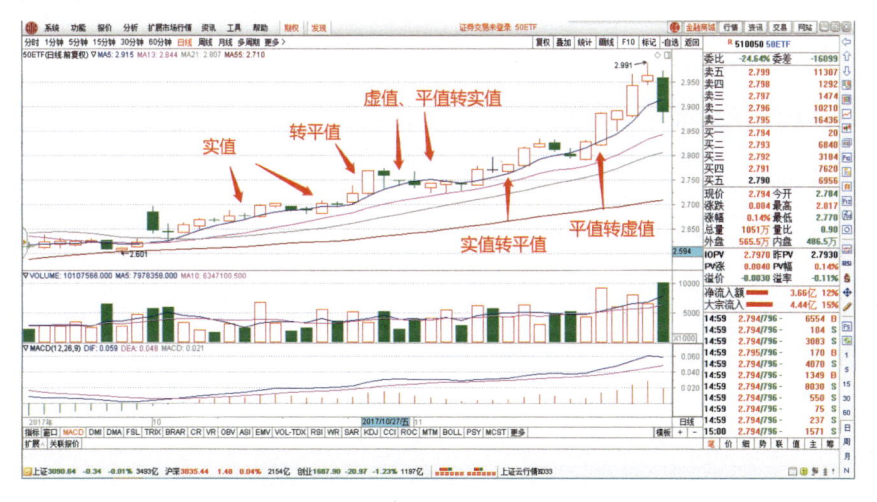

图 3-74　2017 年 10—11 月 50ETF 走势

（4）使用卖方

做虚值期权卖方有天然的优势，因为时间价值会损耗，波动率也可能回归，即使卖出虚值合约短期被套也没关系，只要持有虚值合约，那么获得该合约权利金的可能性还是比较大的。

3. 风险管理

（1）资金分批入场

将可用资金分成3~5份，每次进场投入一份资金，可以在波段的起点进行试探，方向对了就加仓，方向错了就立即止损。

（2）获利出金

获利出金可以逐步收回投资成本，使后续的投资操作更加安心。同时，在出金后可以通过移仓操作来保持或增加杠杆。

（3）策略对冲

如果做波段行情，且觉得该段行情中间会出现回调，那么可以使用策略对冲来平缓账户净值的波动。比如，可以通过构建牛市价差策略和比率价差策略进行对冲，或者通过持仓矩阵来降低持仓杠杆。

（4）出场标准

在期权投资中"踏空"比"套牢"还难受，所以我们需要一个较高的出场标准才能赚到大波段的利润。如图3-75所示为50ETF的30分钟走势，以30分钟图的20日均线作为出场标准，这是比5日均线还要敏感的指标。

图 3-75　50ETF 的 30 分钟走势

3.8　日内操作之法

在第 3.7 节讲解了期权的波段操作之法，通过波段操作，可以在大行情中赚到超额的利润，而在行情波段不明显的时候，可以通过日内交易获取收益。下面笔者结合自己的操作经验来讲解日内操作之法。

1. 日内操作的意义

期权与股票相比具有 T+0 的优势，在当天可以进行很多次买入和卖出操作。同时，期权相对于期货来说杠杆比较高，且手续费处于中等水平。技术水平较高的投资者可以进行期权日内操作。

期权的时间价值每天都在衰减，但日内操作持有期权的时间很短，可以将时间价值的影响降到最低。当标的价格在日内波动较大时，期权的波动可能也会较大。如图 3-76 所示为"300ETF 购 6 月 4100"合约走势，日内最大涨幅超过 2 倍，若在上午开盘时买入，在半小时内收益就能翻倍，反复做多次波段，收益将非常可观。

由于期权日内波动较大，因此对投资者的心理承受能力要求极高，而且不适合大资金交易。

图 3-76　"300ETF 购 6 月 4100" 合约走势

2．技术指标

（1）分时均线、MACD

以 2020 年 6 月 19 日的行情为例，当标的价格站到日内均线之上时，可以考虑建仓，之后如果标的价格回踩日内均线但不突破，则可以考虑加仓。当标的价格走到高位时，结合 MACD 的背离作为出场指标。如果投资者没有在第一个出场点出场，那么也可以选择在标的价格跌破均线后离场。在标的价格下跌后，等待 MACD 再次形成金叉后可考虑入场。在尾盘，随着标的价格的下行和波动率的下降，投资者可以考虑出场或使用卖方做一个短差，如图 3-77 所示。

（2）板块协同

结合主要成份股在日内的走势，可以看到标的价格涨跌的一致性、协同性。如果标的价格的涨/跌幅度都不大，那么做双卖可能更合适。

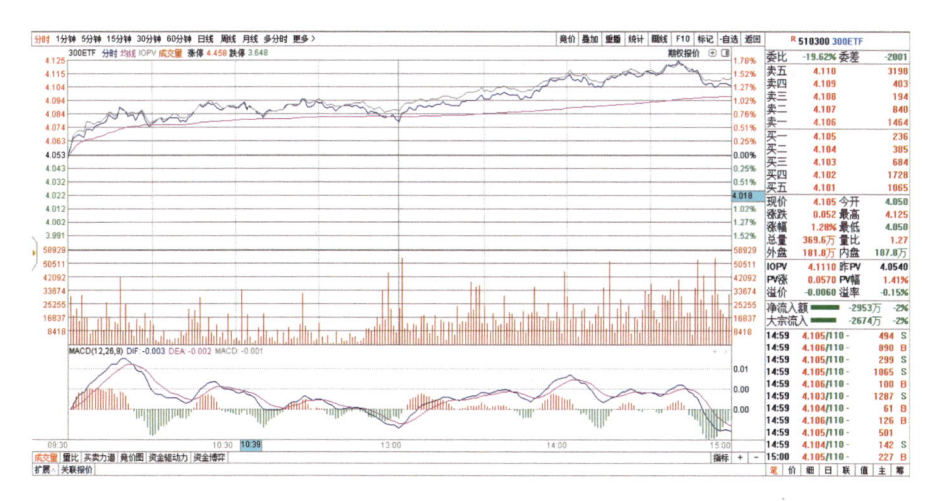

图 3-77　300ETF 日内走势

3.9　开仓与平仓要点

对于期权投资者来说，掌握开仓与平仓的要点非常重要。选择什么样的时点进场、出场、平仓，对于整个波段操作来说都是非常关键的，下面笔者结合自己的操作经验做简单的介绍。

1. 开仓

判断标的最近一段时间的走势是多头、空头还是横盘，根据走势确定方向，用方向强度、波动率的高低来决定是做买方还是做卖方，然后选择期权合约。比如，在波动率下降的过程中，如果做卖方，那么无论是轻度虚值期权，还是实值期权，可能都比做买方效果要好。如果期权距离到期时间已经不多了，期权的价格和波动率又比较高，那么也是做卖方比较好。如果标的价格大幅度涨跌、波动率处在低位，并且期权价格很便宜，那么做平值买方或轻度虚值的买方，获利的概率就会相对较大。

无论是波段行情，还是日内行情，都要先用小资金试水，因为没有人能确定当前行情是不是很好的行情，或者未来行情是不是单边行情。如果满仓进入，那么当行情朝着相反的方向运动时，亏损就会非常惨重。对于波段行情来说，使用小资金试水是必须的，这部分资金可以是总资金的五分之一，主要根据投资者的风险承受能力和操作习惯来分配。

如果使用小资金试水做对了方向，那么在有所盈利后，就可以适度加仓。如果试水亏损了，那么补仓需要谨慎，虽然在股票市场中对下跌的股票进行补仓可能会有效果，但是在期权市场中并不建议这样操作，因为期权合约是有到期日的，如果在补仓后出现持续下跌的情况，那么最终可能会有归零的惨剧。

在做期权交易的时候，如果一开始就亏钱了，则说明我们对方向的判断有误，接下来该怎么办？第一，等，等待趋势向我们预计的方向移动。第二，止损，止损可以避免继续亏损，但是如果方向再次向自己之前判断的方向移动，那么就会踏空。第三，加仓，如果认为接下来市场行情依然会向自己预期的方向发展，就可以加仓。第四，减仓，这与止损有一定的关联，如果行情没有按照自己的预期发展，则可以选择降低仓位，这样可以在亏损的时候少亏一点。第五，反手，就是平掉原来的仓位，反过来开仓，比如原来买入了认购期权，在遇到价格下跌时，止损并反手买入认沽期权。第六，对冲，不止损，而是增加一些资金形成对冲策略。

2. 持有

因为未来不可知，所以投资者在盈利后要逐渐收回本金。收回成本的操作即移仓管理。移仓管理就是在不同行权价（虚值期权、平值期权、实值期权）之间进行移仓，或者对当月期权和下月期权进行移仓，可以起到增减杠杆、保存收益和风险管理的效果。

3. 平仓

在期权市场上有过浮盈的投资者很多，但是把盈利拿到手的投资者却很少，因为没有在正确的时点出场，很多浮盈最后都被回撤了。那么，怎样才能做到落袋为安呢？

- 要有一个明确的出场标准，该标准可以根据趋势的变化来制定，比如标的价格是否突破了某条均线或 MACD 是否出现金叉/死叉等。进出场的标准在前面章节讲过，在此不再赘述。

- 不要一次性平仓，这样可以避免踏空，尤其是买方。如果盈利翻倍了，则平仓一半；如果标的价格走势平稳，那么趋势可能会改变，这时就可以平仓一部分，或者做出一些对冲仓位的操作，再慢慢平仓。

- 可以利用少量的利润来博取行情加速或末日轮的机会。当行情走势逐渐平稳后，可以用小仓位的利润参与虚值合约来博取行情尾部的利润，这样不会有踏空的情况出现，同时也会有一定的收益，即使亏损也是有限的。

- 无论我们是期权买方还是期权卖方，当获得较大利润时都要平仓出场，因为一般同向行情不会持续太久，很难出现单边趋势一直持续的情况。当单一方向持续一段时间后就要小心接下来可能出现的变化，无论是标的方向的变化，还是波动率方向的变化，都要小心。

3.10　白话希腊字母

在做期权之前做股票或期货的投资者，初次接触期权时都会被希腊字母弄糊涂，如果不懂这些希腊字母所代表的含义，那么后续操作就会受到很大的影响，尤其是一些复杂持仓的头寸管理，比如波动率维度的风险暴露、短期波动的风险暴露等。在期权中经常用到的希腊字母有 Delta、Gamma、Vega、Theta、Rho。下面对这些希腊字母做简单介绍。

Delta：表示标的价格每变化一元对应的期权合约价格的变动幅度，这个数值通常是用小数或百分比来表示的。例如，50ETF 的价格为 3.00 元，执行价格为 3.00 元，期权距离到期日还有 21 天，目前期权价格为 0.02 元。如果 50ETF 价格上涨到 3.02 元，期权价格涨到 0.03 元，则此时的 Delta 值为（0.03-0.02）/0.02=0.5。Delta 为 0.5 表示期权价格上升的幅度是标的价格变动的 50%。

Gamma：表示标的价格每增加 1 元对应的 Delta 值的变化幅度。如果 Delta 值对标的价格的变化特别敏感，那么 Gamma 值就会显得特别重要，这种情况被称为 Gamma 风险。当期权合约快要到期的时候，Gamma 值对合约的影响就会非常明显。随着期权合约到期时间的来临，实值期权和虚值期权的 Delta 值会发生变化。一般来说，实值期权的 Delta 值都接近 1，虚值期权的 Delta 值都接近 0。当标的价格小幅度上涨，即从执行价格往上微涨时，就会引起期权合约的 Delta 值从接近 0 的数值变化到接近 1 的数值，这时就会产生比较大的 Gamma 值。在这种情况下，风险是相当大的，因为标的价格小幅度下降就会使原本利润可观的看涨期权合约变得毫无价值。

Vega：表示期权对标的资产价格波动率变动的敏感度，当波动率变化一个单位时，期权价格理论上的变化。比如，某期权的 Vega 值为 0.15，若价格波动率上升（下降）1%，则期权的价格将上升（下降）0.15。当价格波动率增加或减少时，期权的价格也会相应地增加或减少。因此，买入看涨期权与看跌期权的 Vega 值都是正数。也可以说，期权多头部位的 Vega 值都是正数，期权空头的 Vega 值都是负数。

Theta：每单位时间内（通常为一天）期权合约的价格变化程度。Theta

值通常是负的，因为期权合约的价格会随着时间的流逝而减少。期权合约的时间价值损失也被称为 Theta 衰变。平值期权的时间价值损失的大小和期权合约从计算之日至到期日的时间长度的平方根成反比。

Rho：和利率相关，对于大部分投资者来说，对这个指标不用多做研究，这里就不再介绍了。

1．期权的希腊字母图形

虚值认购期权和虚值认沽期权的 Delta 值都很小，期权越实值，Delta 值越大。平值附近的期权的 Gamma 值最大，期权越虚值，Gamma 值越小。实值期权和虚值期权的 Vega 值都很小，平值期权的 Vega 值最大。平值附近的 Theta 值最小。如图 3-78 所示是认购期权的希腊字母图形，如图 3-79 所示是认沽期权的希腊字母图形。期权的希腊字母也叫 Greeks。

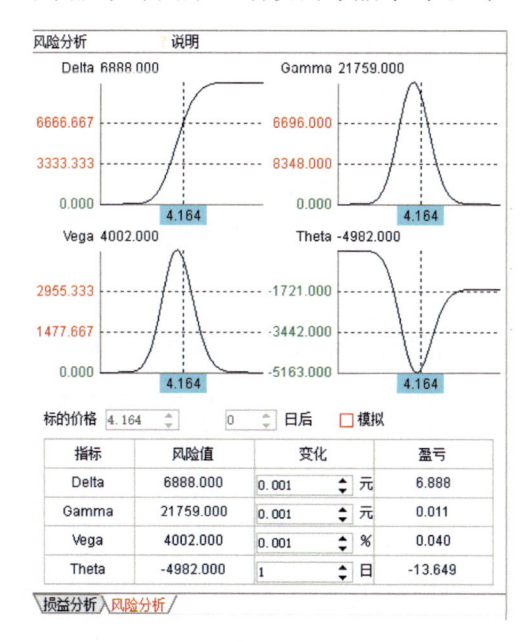

图 3-78　认购期权的希腊字母图形

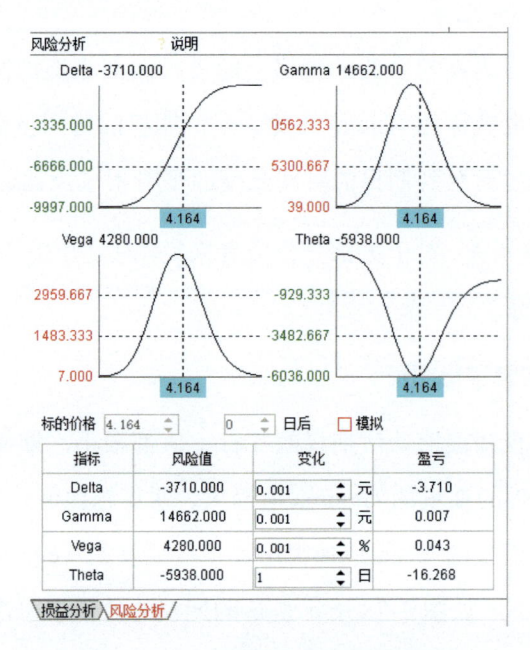

图 3-79 认沽期权的希腊字母图形

2. 希腊字母的正负相关性

如表 3-2 所示是期权与希腊字母的正负相关性，无论是买入期权，还是卖出期权，都可以通过该表看到希腊字母对相应操作的影响，表中的"+"可以简单理解为正相关，"-"可以简单理解为负相关。比如，买入看涨期权，Delta、Gamma、Vega 是正值，Theta 是负值，那么正值的三个字母的值变大对于买入看涨期权的操作来说是一件有利的事情，而 Theta 绝对值变大则对这个操作来说是一件不利的事情，说明我们每天要付出的时间价值越来越多。

表 3-2 期权与希腊字母的正负相关性

	Delta	Gamma	Theta	Vega
买入认购	+	+	-	+
买入认沽	-	+	-	+
卖出认购	-	-	+	-
卖出认沽	+	-	+	-

很多人会问，我们买期权到底选择什么样的期权合适呢？如果我们对期权价格没有较高的敏感度，又不希望合约被快速归零，那么可以考虑买 Delta 值较大的期权。而对于卖期权，可以考虑 Delta 值较小的期权，这样相对安全。可以将 Delta 值简单理解为相对应的期权合约变为实值的概率，比如某期权合约的 Delta 值是 0.154，就可以简单理解为该期权合约变为实值的概率为 15%。可以用 Vega 值结合隐含波动率来判断当前期权波动率的高低，一般来说认购期权的波动率小于认沽期权的波动率。

我们可以通过希腊字母的组合来查看自己的持仓结构，以及相关要素对组合的影响，也可以通过持仓组合结构的变化，将一个希腊字母的值或多个希腊字母的累加值调整为 0，从而规避相应字母所带来的变动风险，获取更加稳定的收益。

3.11 组合策略对交易的影响

2019 年 11 月底，上证 50ETF、沪深 300ETF 等期权品种出台了组合策略，下面笔者对组合策略对交易的影响进行简单分析。

1. 组合策略简述

组合策略（组合保证金）包括认购牛市价差、认沽牛市价差、认购熊市价差、认沽熊市价差、卖出跨式等。这些组合策略的风险可控，如果标的价格有方向性的波动，那么组合中的一个合约亏损的同时，另一个合约是盈利的，风险与收益被控制在一定的范围内。

目前，在 ETF 期权和一些商品期权上已经实施组合保证金制度，大连商品交易所的豆粕和玉米的组合保证金在收盘后减免，郑州商品交易所白糖的组合保证金的优惠需要个人申请。

在美股期权中已经实施组合策略制度，使用垂直价差策略和日历价差策略不收取保证金，可以先买入远月期权，再卖出同行权价的两三天后就到期的期权来逐渐收取权利金，如此可以极大地提高资金使用效率。

2. 组合策略实施后可优化的策略

- 垂直价差策略。买实值期权且卖虚值期权不收取保证金，若计划买入实值期权，但又怕方向小幅做反，就可以卖出一张虚值期权，至于虚值的程度，就看投资者对短期行情的预判情况。

- 卖出跨式策略。原来进行卖出跨式交易需要缴两份保证金，在组合策略政策实施之后，只收取其中一方的高保证金，那么对于标的看震荡的投资者来说，卖出压力位、支撑位之外的期权就可以省钱；对于看不涨或看不跌的投资者来说，在开仓后卖出另一个方向的虚值期权，既可以防止方向做反时的回撤，又可能两个方向都盈利。

- 日历价差策略（暂未实施）。如果长期看好市场，但又怕短期内市场横盘，那就买入远月合约，再卖出当月时间价值较高的同行权价合约，以赚取时间价值损耗的利润，在轮番操作几次之后，就算远月合约不赚钱，也能从近月合约中赚回来权利金。

3. 使用组合策略对买方的影响

- 虚值期权的价格会变便宜。由于可以无成本地卖出虚值期权，所以虚值期权的价格会在当时的基础上更便宜，投资者的买入成本更低。

- 原来买入期权，如果方向做反或行情震荡，那么该合约的价值最终会归零，将损失全部的本金。使用组合策略是在买入期权的同时卖出更加虚值的期权，这样在期权到期后，即使两者的价值都归零，也能在一定程度上减少损失。

- 如果遇到大行情，那么使用组合策略做买方会盈利更多。

- 使用组合策略，可以让买方受时间价值、波动率的影响更小。比如，使用垂直价差策略，可以降低时间价值的损耗和波动率的下降，在一定程度上降低风险。

4．使用组合策略对卖方的影响

- 提高资金使用效率。在组合策略制度实施之前，保证金按照 4000 元/张来计算，100 万元的卖出跨式期权可以卖 250 张，在组合策略制度实施之后，大概能卖 500 张。

- 可以用垂直价差策略替代卖出跨式策略来做方向。比如，在 2019 年 6 月的大涨行情里，若担心卖出认沽日内合约会有回撤，就可以使用买入实值认购和卖出虚两档认购的牛市价差策略。

- 降低单个合约的利润。在组合策略制度实施后，期权市场必然增多卖方，尤其是虚值四档之外的期权，一定会被投资者争先卖出，如此就会使波动率降低，期权价格将变得便宜。

- 在波动率降低后，卖方的利润也将降低，因此需要更多精细化的策略组合及方向性收益，才能体现策略的差异化。

第 4 章

风 控 篇

4.1 期权交易的风险

在券商开户时,券商都会提醒投资者"期权交易有风险,投资需谨慎"。那么期权交易究竟有什么风险呢?在交易中需要注意什么?期权投资者一般会面临以下几种风险。

1. 价格风险

在期权交易中,买方和卖方都会面临标的价格的变化所带来的风险。对于买方来说,最担心的是期权价格下跌。对于卖方来说,最担心的是期权价格上涨。卖方收益是有限的、风险是无限的,风险与收益不对等,如果期权价格大幅上涨,那么卖方所承受的亏损大于其所收取的权利金,这样就会得不偿失。虽然买方最大的风险是亏损所有的权利金,但如果买入期权的资金很多,那么这个亏损也会比较惊人。

2. 流动性风险

在期权交易中,深度实值期权和深度虚值期权有时会出现因流动性不足而导致无法及时平仓的问题，尤其是远月合约。如图 4-1 所示为深度实值的"300ETF 购 9 月 3100"合约的日内走势，可以明显看到，在买卖档挂单显示中，挂单非常少，但挂单的点差非常大。整个合约的持仓数量非常少，总共只有 3000 多张合约，一天才成交 138 张，所以它的日内价格走势非常不流畅。

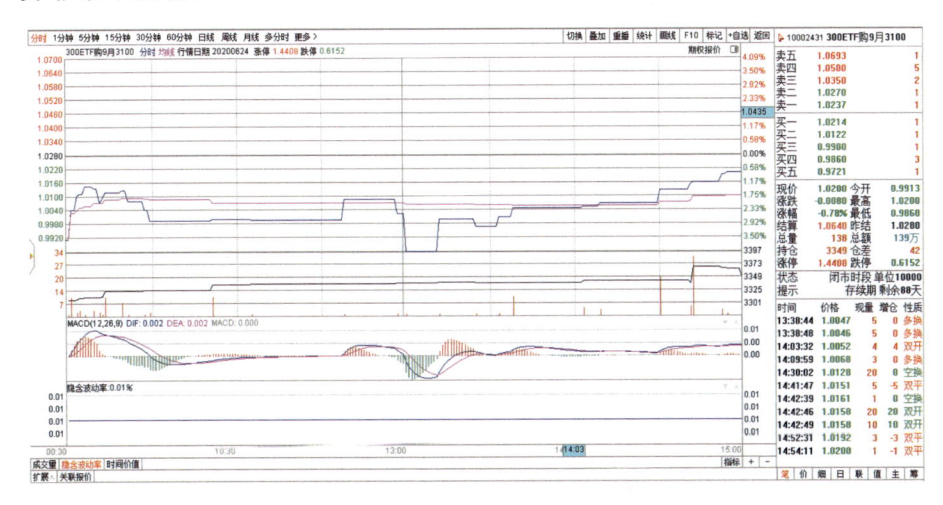

图 4-1 "300ETF 购 9 月 3100"合约的日内走势

3. 到期风险

所有的期权合约都有到期日，一旦合约到达到期日，就必须进行平仓或行权结算。平值期权和虚值期权在到期时价格都会归零，而实值期权在到期结算时要有充足的资金或股票（ETF）进行结算行权，如果实值期权没有进行主动行权，那么即使账户上有再多的浮盈也会消失。做商品期权要注意，由于商品期货有限仓要求，所以可能会发生在合约行权后超出限额的情况，这时就要根据自己的情况提前计划是否进行行权了。

4. 买方的风险

归零：平值期权和虚值期权在到期时价格都会归零。

震荡：买方不怕标的价格波动，就怕标的价格没有波动，因为无论认购期权还是认沽期权，如果标的价格波动不大，那么期权价格都不会大涨，如图 4-2 所示。

图 4-2　2020 年 4—6 月郑棉主连走势

在窄幅震荡行情中，做买方是比较难受的。如图 4-3 所示，认购期权的价格在下跌，认沽虚值期权的价格也在下跌，只有实值认沽期权的价格在微涨。

图 4-3　棉花期权 T 型报价

时间：对于期权合约来说，时间价值会持续衰减，当距离到期日不多时，由于期权时间价值归零，即使投资者看对了方向，也可能面临亏损的风险，尤其是平值期权和虚值期权。

行权：如果投资者持有的期权合约在行权日当天既没有平仓，也没有行权，那么不管有多少浮盈，都只是"纸上富贵"。要注意，在商品期权中，实值期权会自动行权，但前提是账户上有足够的资金。

5．卖方的风险

大幅波动：期权卖方最怕标的价格大幅波动，标的价格波动会导致期权的价格大幅波动，从而产生浮亏，这就是期权的 Gamma 风险。

保证金风险：当卖出的期权合约价格大涨时，所占用的保证金会急剧增加，如果保证金不足，则会提高风险，极有可能会被强制平仓，而等不到接下来的合约价格回落。

波动率：一旦波动率出现上行的情况，卖出跨式期权就会产生浮亏，而如果卖出的深度虚值跨式期权在到期后仍是虚值，那么卖方就可以收到预期中的保证金，只是在这个过程中，由于波动率是上升的，所以持仓过程并不顺利。

行权：如果卖方被行权时资金准备不足，就会被视为违约，交易所会进行处罚，加征名义本金 10%的罚金或按照其他规定进行处罚，并可能影响投资者个人征信情况。

6．时间流逝的风险

买方希望时间慢一点，卖方希望时间快一点。对于买方来说，时间流逝得越慢越有利，但是期权是价值损耗型的资产，从持有买方合约开始，时间价值就在流逝，这是无法改变的。对于卖方来说，时间流逝得越快越好，因为卖方要收取权利金，时间越短，获取权利金的可能性就越大。当然，时间对买卖双方都是公平的，不会偏向任何一方。

4.2 期权交易心理

在实际交易中，投资者在面对变化莫测的市场时，需要制定长期行之有效的交易计划。另外，投资者还需要对交易心理有一定的了解，这样才能度过成长的瓶颈期。下面对几种常见的交易心理进行分析。

（1）不敢追高，却敢抄底

在期权交易中，作为趋势交易者，只有在大行情中才能真正盈利，但真正的大行情不是期权价格上涨一倍就结束的，一般来说都会上涨几倍甚至十几倍。所以，只要趋势确立，即使涨了一两倍的行情也只是上涨的开始。对于期权的抄底，往往会出现越抄底越下跌，最后合约到期价格归零的情况。

（2）当大行情来临时，犹豫不决

有些投资者在做期权交易亏过几次后，胆子就变小了，而利好的大行情是非常难得的，尤其是单边行情，只要投资者能抓住一段大行情，就能够赚得盆满钵满，但如果在行情到来时犹豫不决，在趋势已经确立时仍然选择观望，那么将错过最佳盈利时机。

（3）不愿改变策略

对于卖方来说，最大的问题在于死板，如果长期进行卖方操作，习惯以这种安稳的方式获得权利金，在行情出现变化时不愿改变策略，那么也会面临比较大的回撤或亏损。做期权交易重要的是灵活操作，要根据不同的市场情况决定所使用的策略。

(4) 见利就跑，亏了死扛

大部分从股票市场转到期权市场的投资者都是按照"见利就跑，亏了死抗"操作的，这种操作对于期权交易来说，往往是亏损的时候在场，而判断对方向的大趋势时却不在场，最后产生亏损。

(5) 短线思维，操作频繁

有的投资者非常喜欢做短线交易，做短线交易最大的好处是可以避免时间价值的衰减，而且在日内也能获得利润。做短线交易也有缺点，首先，短线操作不能容纳大资金；其次，对短线趋势的判断非常难，交易成本过高，盈亏比往往并不划算。在有趋势性的行情时，短线思维容易错过大利润。

(6) 斤斤计较，每日算账

很多投资者每天计算自己账面上资金的变化，其实对于期权交易来说，更重要的是一个正确策略的持续性，有的时候行情难免会有日内的回撤，但这并不意味着自己的策略是错误的，有时需要给自己一些时间，给策略一些时间，给市场一些时间。

(7) 抱有幻想

当投资者持有多头被套时，总是幻想着有人来帮忙解套；当投资者持有空头被套时，总是幻想着会有突如其来的"黑天鹅"事件。在抱有这些幻想的前提下进行持仓，最后的结果往往是自己变成了温水里的"青蛙"。

很多人在股票市场亏了钱就来做期权，想把之前在股市里的损失用期权的杠杆属性快速赢回来。但越是这样，越容易对行情产生主观盲目的判断，从而频繁失误，最后导致心态崩溃。做期权交易，要摆正心态，保持冷静的头脑，养成良好的交易习惯。

投资只是生活的一部分，投资的初衷也是希望生活能变得更好，所以应选择适合自己的仓位，不要让仓位的涨跌影响我们的生活状态。作为买方，要用亏得起的钱来做投资，保持阶梯式的持仓结构，不要全仓做虚值合约；作为卖方，要留够充足的资金对仓位进行对冲。

做期权交易，风险要掌控在自己的手中，在市场行情出现大幅变化时，做好应对策略，不要坚持己见，认为自己没错而是市场错了，也不要总纠结于行情波动的原因，在笔者看来，投资者只需要了解行情波动真正的原因是买卖力量的均衡被打破了，及时应对方为上策。

4.3 新手误区

很多新手朋友在开始做期权交易的时候会觉得非常难，不容易赚钱，但是亏损却很容易。笔者认为，很多投资者对期权的认识有误区，没有掌握期权交易的基本规律。下面介绍投资者常见的一些误区。

（1）无限向虚值移仓

在行情上涨或下跌时，投资者会无限向虚值移仓或全仓虚值。一般情况下，投资者认为虚值期权比实值期权杠杆大，一旦期权价格上涨，盈利会很丰厚，所以很多投资者选择在做对方向后无限向虚值移仓，以博取更大的收益。如果标的价格继续按照预期的方向前行，收益自然是十分可观的，但标的价格运行的趋势不会一直持续下去，总有调整的时候，当投资者选择以虚值合约为主或全仓虚值持仓时，一旦遇到行情回调、波动率回落等情况，账户中已获得的利润就会出现大幅下滑的情况，会将之前获得的利润消耗殆尽，甚至出现亏损。虚值期权的涨跌幅度很大，标的合约一天下跌50%都是有可能的。如图4-4所示为期权账户持仓，从持仓结构能明显看出，经过移仓，"50ETF购6月2550"虚值合约遇到回调时出现了明显的亏损。

图 4-4　期权账户持仓

（2）同时开认购期权和认沽期权

很多新手投资者希望同时开认购期权和认沽期权，构造买入跨式的组合，但买入跨式组合策略并不是在所有行情中都适用的，在真实的交易环境中，这种宽幅震荡的行情对 50ETF、300ETF 来说是很难见到的。权利金随着时间的流逝和波动率的下降会慢慢消失。如图 4-5 所示，图中的权利金无论对认购期权还是认沽期权来说都是非常高的。

图 4-5　期权 T 型报价

（3）不止盈、不止损

期权合约价格的波动是非常大的，在期权操作的过程中，一定要有止

· 145 ·

盈和止损的准备。如图 4-6 所示,在低位买入的期权合约可以从 37 元/张上涨到 2400 元/张,如果没有及时做止盈操作,那么极有可能是"纸上富贵"一场。

图 4-6　"50ETF 购 3 月 2700"合约走势

4.4　追高/抄底

在股票投资中,一般投资者,尤其是个人投资者,有的喜欢追高,有的喜欢抄底。对于期权交易来说,到底是适合追高还是适合抄底呢?

追高操作,简单来说就是对趋势的跟随,当发现趋势已经形成时,跟随趋势是比较容易盈利的,尤其是在趋势已经形成后的主升浪中,往往这个过程会叠加波动率的上升,追高买入后的收入也会非常可观。期权是一个比较适合追高的投资品种,因为在一段大行情中,期权合约涨幅的倍数往往会非常高。但如果介入位置在一波行情的最高位,再叠加波动率的回落,期权价格就会下降得非常快。如图 4-7 所示,图中的认购期权有两次上涨。

图 4-7 "300ETF 购 6 月 3900"合约走势

抄底操作就是期权价格越下跌越买入,成本会逐步摊薄,尤其是在经过一段时间的窄幅震荡后,随着波动率的下降,期权的价格也会比较低。如果有计划地进行抄底操作,则必须要对做长线有一个坚定的信心,在这个过程中,当自己所操作的趋势和市场行情趋势相反时,每日都面临着亏损,心理压力会非常大。期权合约的存续时间终究是有限的,在有限的时间内如果未能兑现预期,那么合约价格还是会归零。如图 4-8 所示为"50ETF 购 2 月 2500"合约走势,如果从 1 月开始就看好远期走势,买入该合约,则会在 2 月获得丰厚的回报。但是如果对远期行情判断失误,最后的结果就是合约价格归零。

图 4-8 "50ETF 购 2 月 2500"合约走势

第 5 章

实 战 篇

5.1　2017—2019年50ETF表现及期权策略

1. 蓝筹牛市的2017年

2017年1—4月是震荡行情，标的价格、波动率、期权价格都到了历史低位，随后5月开启了大行情，50ETF的价格从2.3元涨到3.1元左右，波动率从最低的8%涨到20%以上，更是涌现出涨幅数十倍的期权，有些买入认购期权的投资者累计上百倍地获利。

（1）标的走势

2017年，50ETF价格从年初的2.3元涨到11月末的3.1元左右，如图5-1所示为2017年50ETF走势，其价格涨幅接近25%，其中有8个月上涨、3个月下跌、1个月横盘，其中11月涨幅最大。

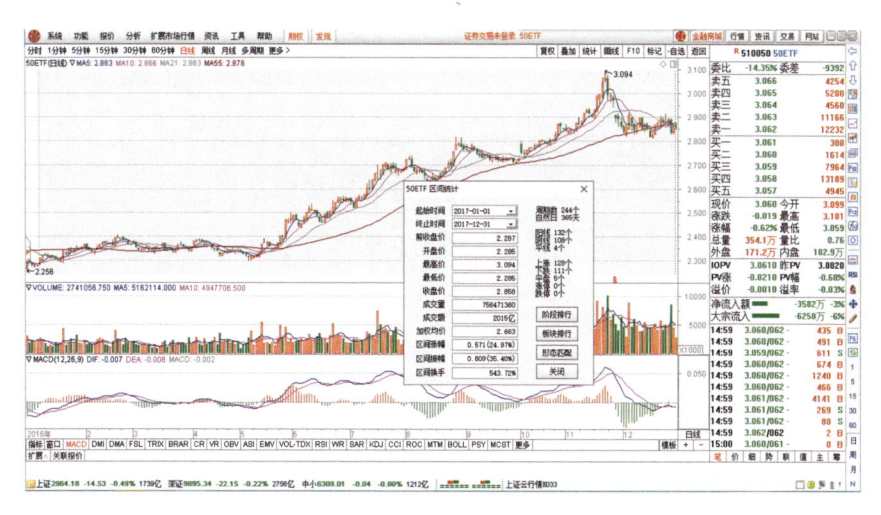

图 5-1 2017 年 50ETF 走势

（2）波动率走势

在 2017 年的前 5 个月，50ETF 的波动率是缓慢下降的。在 5 月下旬，波动率降到了历史低位，5 月 25 日标的价格大涨 3%，波动率暴涨到 12%，从此波动率跟随标的价格的上涨和调整呈波浪式起伏，9 月底标的价格震荡横盘，波动率回落，随后两个月行情上涨，波动率再次抬高，并保持在 15% 的高位，如图 5-2 所示。

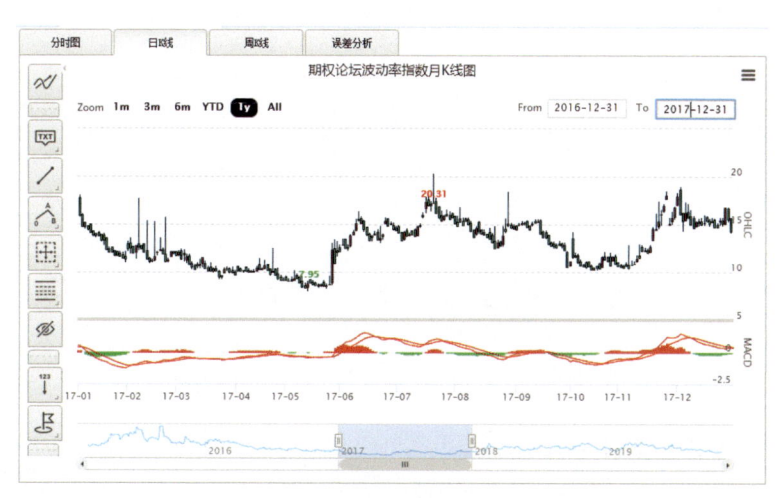

图 5-2 2017 年 50ETF 波动率走势

（3）期权表现

2017年5月之后，认购期权表现优秀，涌现出众多盈利十倍甚至上百倍的期权，下面展示一些表现较好且投资者比较容易抓住的平值合约。如图5-3所示为2017年轻度虚值的"50ETF购7月2500"合约走势，两个月最大涨幅50倍。如图5-4所示为2017年轻度虚值的"50ETF购11月2900"合约走势，两个月最大涨幅40多倍。

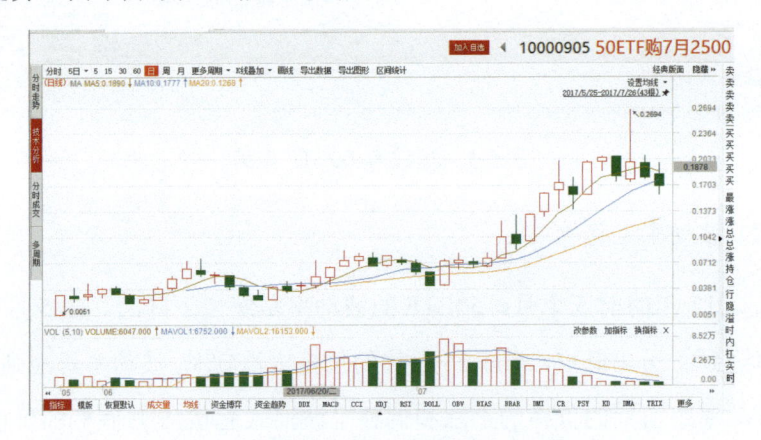

图5-3 "50ETF购7月2500"合约走势

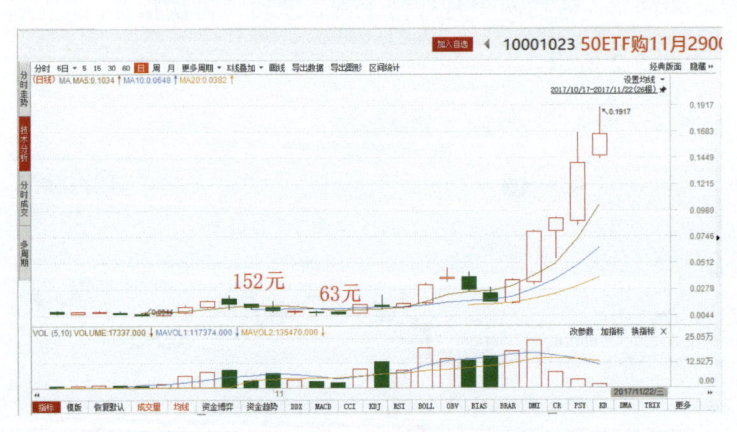

图5-4 "50ETF购11月2900"合约走势

（4）行情特点

2017年期权的行情特点如下。

- 2017 年前 4 个月，标的价格在 0.1 元上下窄幅波动，波动率极低，此时做卖方稳稳盈利，但做买方很难赚钱。

- 2017 年 5 月底，标的价格出现长阳，波动率暴涨，可以买入认购期权赚取标的价格大幅上涨和波动率上升的利润。

- 上升趋势良好。

- 期权价格比较便宜，对买方有利。

（5）最佳策略

在 2017 年，中小投资者最佳的期权投资策略就是在 5 月以后买入认购期权，从平值附近起步，逐渐移仓，并做好资金管理。

2．18连阳与震荡下行的2018年

2018 年的期权行情与 2017 年的期权行情基本相反，2018 年 1 月期权行情出现了 18 连阳，2 月大幅下跌了几天，随后震荡下跌，在 4 季度宽幅震荡，年底出现低位。2018 年买入期权的时段较短，但部分时段的利润丰厚。如图 5-5 所示为 2018 年 50ETF 走势。

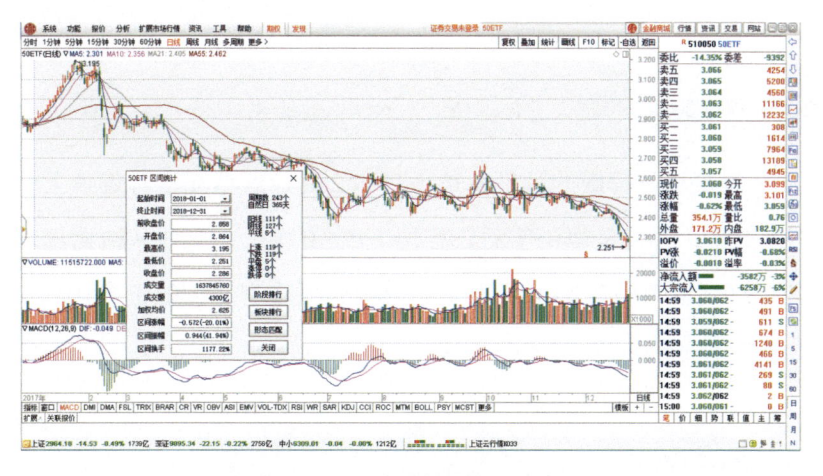

图 5-5　2018 年 50ETF 走势

（1）波动率走势

2018 年 1 月初波动率在低位，随着 50ETF 价格的连续上涨，波动率开始走高。在 2 月初 50ETF 价格大跌时，波动率快速飙升到 38%的高位，随后快速回落。5 月行情平稳，波动率下行较多，随后多有反复。11 月波动率缓慢下跌，从 32%跌到 20%左右，波动率总体比 2017 年的波动率要高。如图 5-6 所示为 2018 年波动率走势。

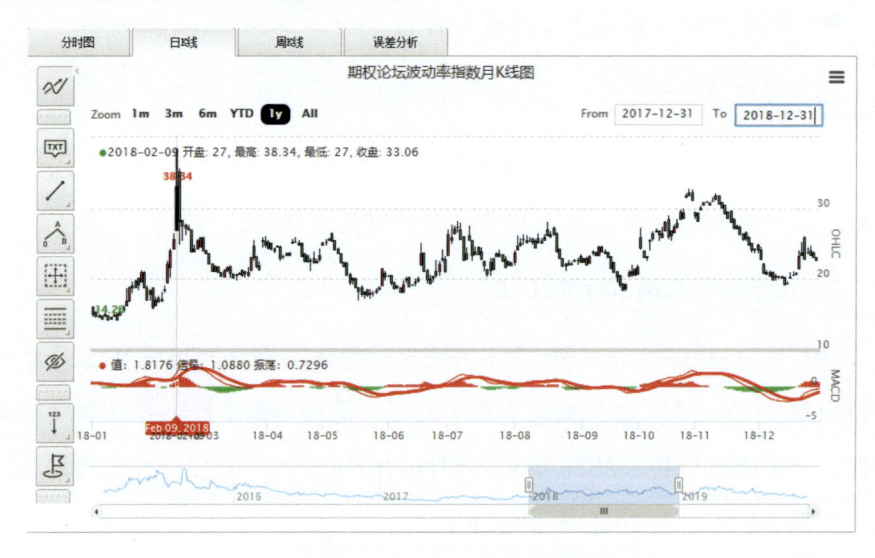

图 5-6　2018 年波动率走势

（2）期权表现

2018 年表现最耀眼的月份就是 1 月和 2 月，行情在 1 月连续上涨并在 2 月快速下跌，再就是端午节后，行情下跌 10 多天，有些认沽期权表现较好，其他时候行情波动都不算太大，权利仓很难有长期的机会，如图 5-7 和图 5-8 所示。

图 5-7　2018 年平值的"50ETF 购 1 月 2850"合约走势

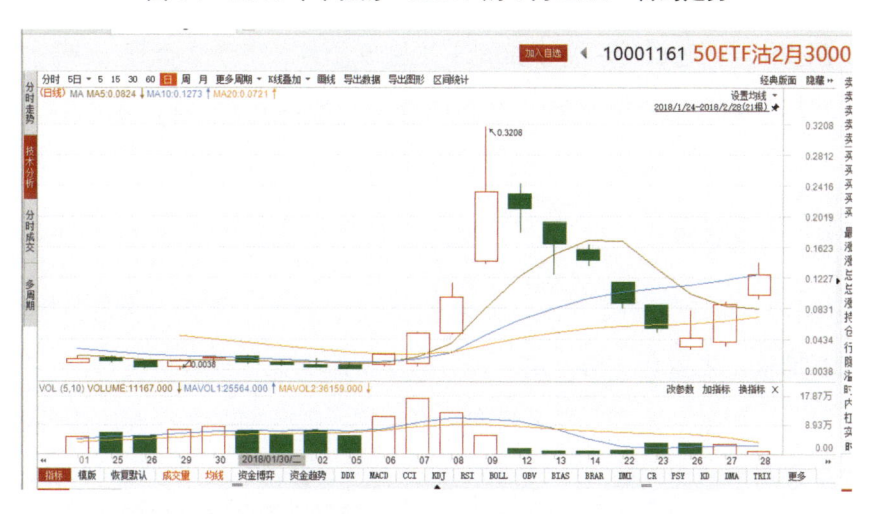

图 5-8　2018 年轻度虚值的"50ETF 沽 2 月 3000"合约走势

（3）行情特点

2018 年期权的行情特点如下。

- 2018 年 1 月出现 18 连阳行情，但是在行情开始阶段标的价格涨幅不大，认购期权盈利倍数不如 2017 年盈利倍数高。

- 2018 年 2 月初的几天，行情快速下跌，波动率快速升高，适当买入认沽期权的投资者盈利颇丰，但卖方亏损严重。

- 随后行情跳空高开、跳空低开较多。

- 波动率的升降幅度很大且很有规律，通常为单边上涨一个月，再单边下跌一个月。

（4）最佳策略

2018 年的最佳策略为 1 月买入认购期权，2 月初买入认沽期权，在波动率处于高位时采用双卖策略或卖购策略，随后在行情达到 60 日均线附近时卖出认购期权，在 8—11 月宽幅震荡行情时使用双卖策略，在 12 月下行见低点行情时使用卖出认购策略和买入认沽策略。

在 2017 年的 12 个月中，50ETF 上涨 9 个月、下跌 2 个月、持平 1 个月。2018 年的行情跌宕起伏，与 2017 年的行情完全不一样，在 2018 年笔者对期权有了新的认识，采用了不同的做法，主要表现在以下几个方面。

- 资金管理

笔者在 2017 年的想法是，如果有 50 万元成本，那么每次最多投入 5 万元买期权，先盈利几倍再说，然后根据新的资金总额重新规划下一期期权的投入。如果亏钱了，那么当期最多亏完，下一期继续投入，其实这样操作资金利用率比较低。

在 2018 年，笔者引入了卖方策略，在资金管理与分批投入方面的要求没那么高了，一开始就可以加入一些虚值的卖方，先获取时间价值，只用一小部分资金去做买方，资金利用率较高。

- 股期互养

在 2017 年，笔者用期权赚了大钱，将大部分盈利资金抽出来买股票，相当于储蓄，即使股票下跌 20% 也无所谓，因为亏损的是期权盈利的资金。

2018年股市行情不理想，大部分股票价格都在下跌，笔者不再有将期权盈利的利润去买股票的想法，而是把资金留在期权账户做卖方，赚取相对稳定的收益。把购买股票的资金投入了期权卖方，结果盈利40%多。

- 卖方风险

笔者在2017年不敢做期权卖方，因为当时广泛的宣传是"期权卖方收益有限、风险无限"。

但是从2018年的实践来看，期权卖方的风险还是相对可控的，因为只要卖的仓位稍微重一些，就会有券商要求追缴保证金或减仓到安全水平，相比买方自己主动等待价值归零的情况要安全很多。另外，卖方一般亏损到本金的3%~5%时，就会被强行平仓，所以也不存在单次大亏的情况。

- 满仓

有朋友看到笔者的期权持仓单后问："你的期权是满仓啊？"其实，他只看到了表面现象。

第一，他不知道笔者在期权账户外面还有没有资金，只看到期权账户里资金余额不多。

第二，账户里的持仓结构不同，杠杆率就不同，盈利的速度和亏损的速度也不同。

- 关于波动率

笔者在2017年做期权交易基本不看波动率，就看标的的涨跌。

在2018年2月行情大跌后，波动率暴涨40%又快速回落，经历了抢反弹、买认购亏损的情况，于是笔者开始重视波动率。

- 期权定投

从 2016 年下半年到 2017 年年底，期权基本处于单边上涨行情，笔者与其他投资者讨论过期权的定投，比如总共 12 万元，每个月投入 1 万元，可以在月初全部投入，也可以在月初投入一半，到月中再投入一半，到月底收割。

但 2018 年期权波动率太高，月初平值期权的价格也要 700 元左右，如果标的价格没有大的波动，就可能亏损，所以这种定投在 2018 年不合适。

● 月初开仓

2017 年在每次月初换仓时，笔者总喜欢先买入一些期权打底仓，行情对了再加仓，因为那时常常会在买入认购期权后被小幅套牢，但是在一星期后就能解套，最后一个月下来能盈利 3～5 倍。

但是 2018 年不是这样的，常常出现月初买入期权，月底标的价格比月初标的价格上涨 6%左右的情况，买入的期权可能还在亏损或稍微盈利。这都是高波动率、高时间价值带来的负面效果，以及标的价格先跌后涨，最后持平的原因。

现在，笔者更喜欢在月初的时候开义务仓，而不是权利仓。

3. 震荡上行的2019年

2019 年的期权行情从涨跌幅度上来说和 2017 年的期权行情差不多。在 2019 年下半年，行情基本在高位震荡。在 2019 年 2 月做认购期权很容易就能盈利，而 2 月之后市场行情对卖方有利。

（1）标的走势

2019 年，50ETF 价格从 2.3 元附近起步，最高上涨到 11 月初的 3.1 元左右，区间涨幅超过 33%。1 月收小阳线，2 月大涨，其中 2 月 25 日上涨幅度超过 7%，随后高位震荡，5 月快速下跌，然后横盘，接着重抬升势，

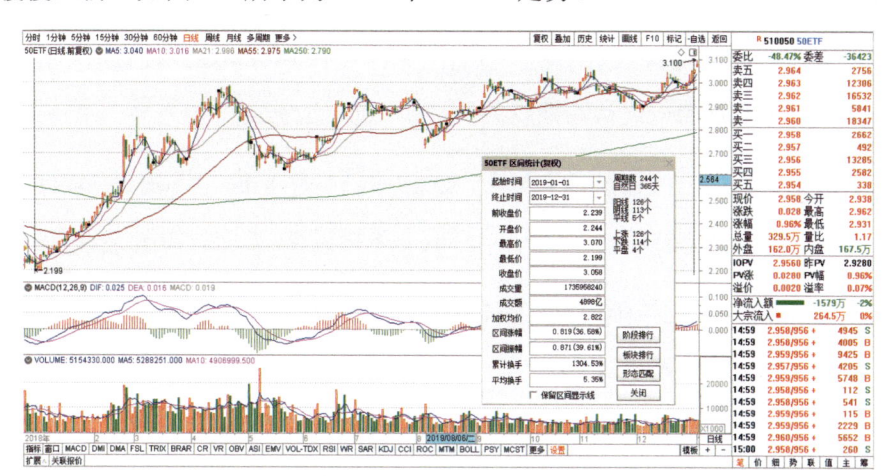

缓慢上扬。如图 5-9 所示为 2019 年 50ETF 走势。

图 5-9　2019 年 50ETF 走势

（2）波动率走势

2019 年 1 月，在行情上涨初期，波动率有所下降。2 月行情上涨速度加快，波动率快速升高，并在 2 月 25 日标的价格大涨时得到"宣泄"，波动率达到 40%的高位，随后小幅回落。在这一波行情中很多买方获取了丰厚的利润，波动率长期维持在 30%以上的高位。随着标的价格的震荡幅度越来越小，卖方力量变强大，波动率一路下行，从 30%缓慢下降到最低点 12%左右，如图 5-10 所示。

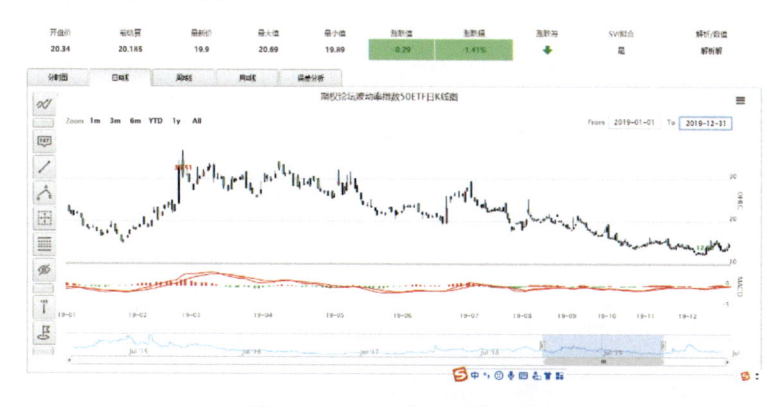

图 5-10　2019 年波动率走势

（3）期权表现

2019 年的主要特点是年初期权价格太高，在波动率达到高位时，距离到期还有一个月的平值认购期权的价格是 1000 元/张。

期权交易量、持仓量越来越大，2019 年 11 月 8 日，"50ETF 购 11 月 3100"合约持仓量接近 50 万张，单日成交量接近 70 万张，如图 5-11 所示。

因为 2019 年上半年期权价格较高，所以下半年的单边行情不连续，难以涌现出高倍数的期权。

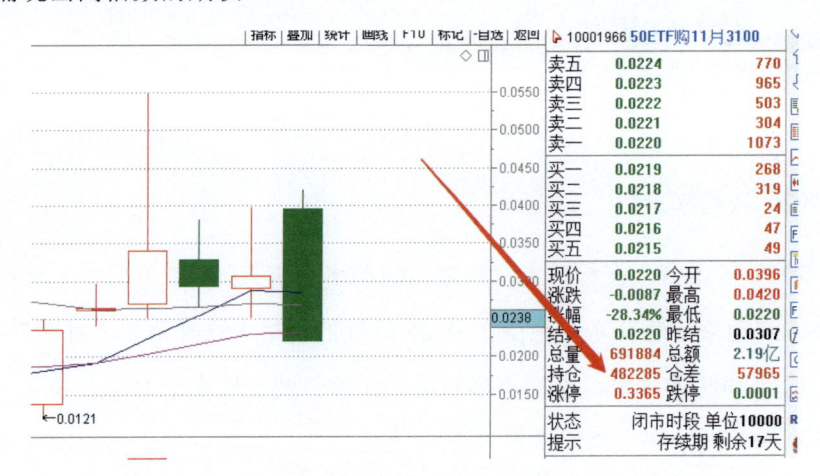

图 5-11　持仓量接近 50 万张的"50ETF 购 11 月 3100"合约

（4）行情特点

2019 年行情整体震荡上行，但是买方的盈利效应不如 2017 年好，下半年可以盈利的波段也很短，行情特点如下。

- 2019 年 2 月 25 日 50ETF 大涨 7%，涌现出上涨 192 倍的认购期权。

- "50ETF 购 3 月 3000"合约持仓量超过 30 万张，交易所警示风险，最后标的价格没有超过 3 元，该合约价值归零，随后每个月的 3000 认购期权都很失败。

5.2 2019年上半年适合使用的策略

2019 年上半年，50ETF 价格从 1 月初的 2.25 元上涨到 6 月底的 2.95 元，涨幅超过 30%，但是有多少期权投资者获得了 3 倍以上的收益呢？

下面结合 2019 年上半年 50ETF 走势（如图 5-12 所示）和波动率指数走势（如图 5-13 所示）分析每个月可以使用的最佳期权策略。假设本金为 100 万元，买方与卖方都以平值期权买入，其中买方仓位不超过 30%，卖方平值保证金以 4000 元/张计算。

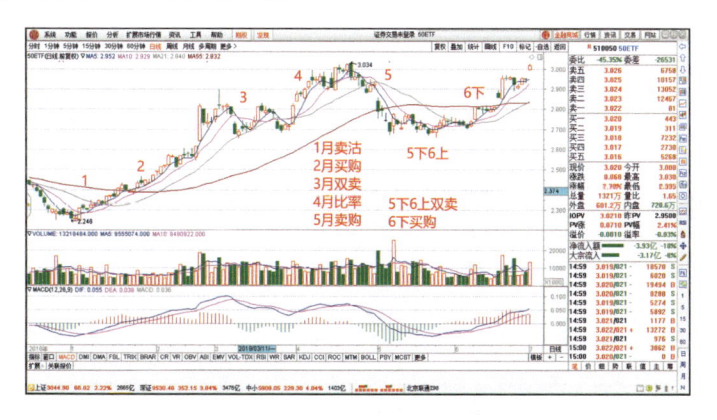

图 5-12　2019 年上半年 50ETF 走势

图 5-13　2019 年上半年波动率指数走势

（1）1月卖认沽期权

经历 2018 年 12 月的行情下探，50ETF 价格下跌到 2.25 元的低位，2019 年 1 月 4 日出现一根上穿 5 日线的放量阳线，然后行情开始逐渐反弹，但是在反弹初期，行情涨一天、跌一天，可以看出市场是犹豫的，波动率在不断下降，因为投资者觉得反弹只是暂时的，上方压力太大，未来行情充满了不确定性，事实上虚值认购期权的价格并没有随着标的价格的上涨而上涨，反而横着不动。

如图 5-14 所示是"50ETF 沽 1 月 2250"合约走势，以 400 元卖出平值认沽 2250 合约，等待价值归零。如图 5-15 所示为笔者当时操作的真实账户。

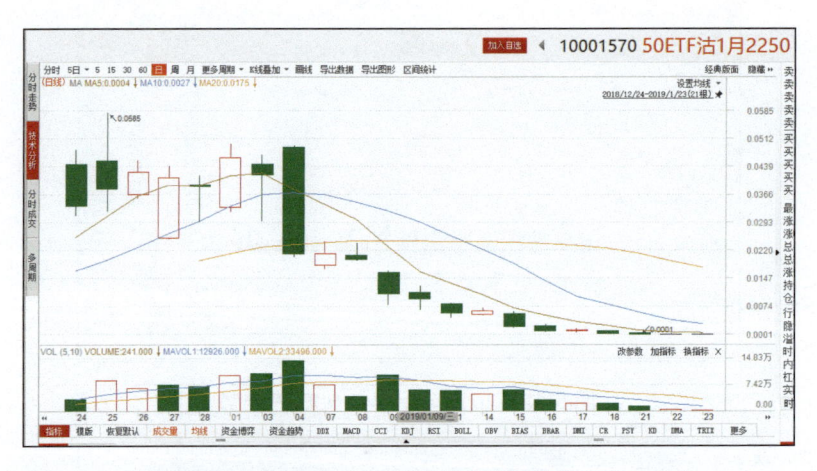

图 5-14　"50ETF 沽 1 月 2250"合约走势（数据来源：东方财富 choice）

图 5-15　笔者个人账户截图

（2）2月买认购期权

2019年2月，春节后的期权市场活跃了起来，50ETF价格上涨的速度加快，波动率在2月底见底到14%后逐渐反弹，这时卖出认沽期权已经没有买入认购期权那么大的优势了。常常在标的价格上涨时，认购期权价格上涨30%，而认沽期权价格下跌8%，这时要用部分仓位来买入认购期权，将大部分卖出认沽期权变成合成多头。

具体操作：买入平值认购2400合约（如图5-16所示），仓位为30%，约30万元，其余资金卖出平值认沽2400合约（如图5-17所示）。2019年1月25日以500元/张的价格买入认购2月2400合约，2月12日在50ETF价格为2.5元时以1200元/张的价格平仓，随后移仓平值认购、认沽2500合约，在2月25日价格大涨后平仓。

图5-16　"50ETF购2月2400"合约走势

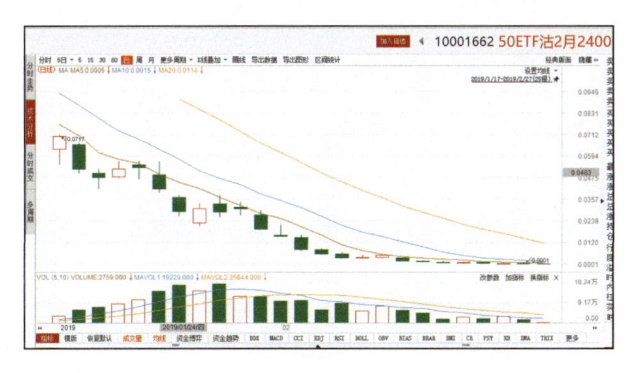

图5-17　"50ETF沽2月2400"合约走势

以 550 元/张的价格卖出 2 月认沽 2400 合约，在价格跌到 50 元/张时平仓，200 张合约盈利 10 万元，此时总资金变为 162 万元左右。

2019 年 2 月 12 日，以 500 元/张的价格买入"50ETF 购 2 月 2500"合约（如图 5-18 所示），使用的总资金为 162 万元的 30%，约 40 万元。在 2 月 25 日行情出现大阳线后，于 26 日开盘时以 3000 元/张的价格卖出，资金上涨到 240 万元。

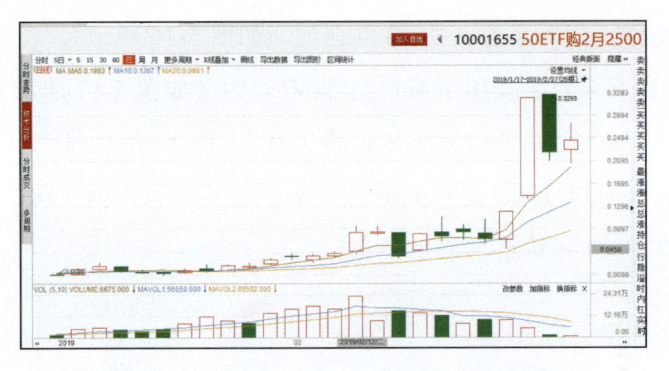

图 5-18　"50ETF 购 2 月 2500"合约走势

以 300 元/张的价格卖出认沽 2500 合约（如图 5-19 所示），此时总资金变为 270 万元左右。如图 5-20 所示为笔者 2 月个人账户截图。

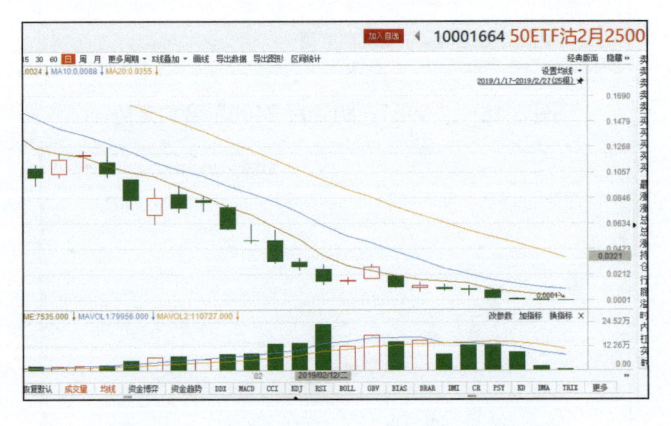

图 5-19　"50ETF 沽 2 月 2500"合约走势

图 5-20 笔者 2 月个人账户截图

（3）3 月牛市价差

在 2019 年 2 月行情大涨之后，投资者的热情被带动起来，但是行情很快在冲高之后开始震荡，而且波动率高企。在此情况下，卖出 2 月 25 日阳线顶上的认购 2800 合约及阳线实体之下的认沽 2650 合约。

以 1000 元/张卖出认购 2800 合约（如图 5-21 所示），使用 120 万元卖出 300 张，收益为 30 万元。

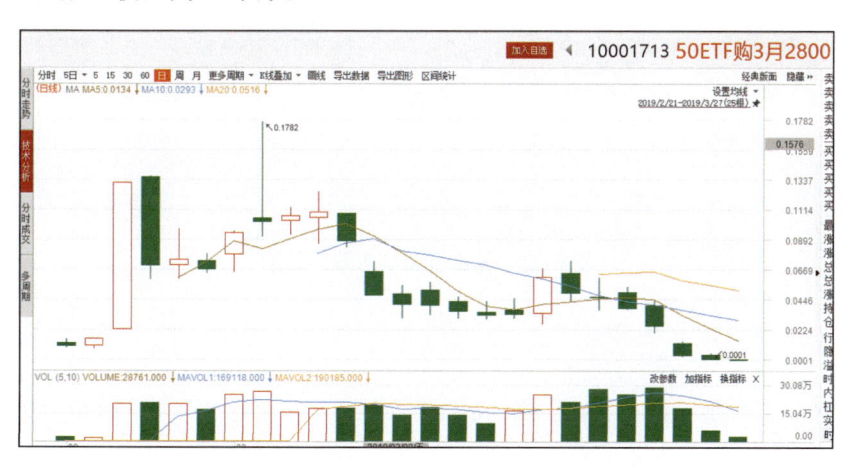

图 5-21 "50ETF 购 3 月 2800"合约走势

用 120 万元卖出 300 张 600 元/张的认沽 2650 合约（如图 5-22 所示），

获利 18 万元。在 2019 年 3 月结束时，总资金变为 318 万元。如图 5-23 所示为笔者 3 月个人账户截图。

图 5-22 "50ETF 沽 3 月 2650"合约走势

图 5-23 笔者 3 月个人账户截图

（4）4 月比率价差

在 2019 年 3 月行情震荡完成之后，4 月开始了一段上涨行情，50ETF 的价格从 2.7 元快速上涨到 3 元左右，此时可及时买入平值认购 2700 合约（如图 5-24 所示），使用 70 万元买入 700 元/张的"50ETF 购 4 月 2700"合约 1000 张，在价格上涨到 3000 元/张时进行平仓，这 1000 张合约市值变为 300 万元，获利 230 万元。

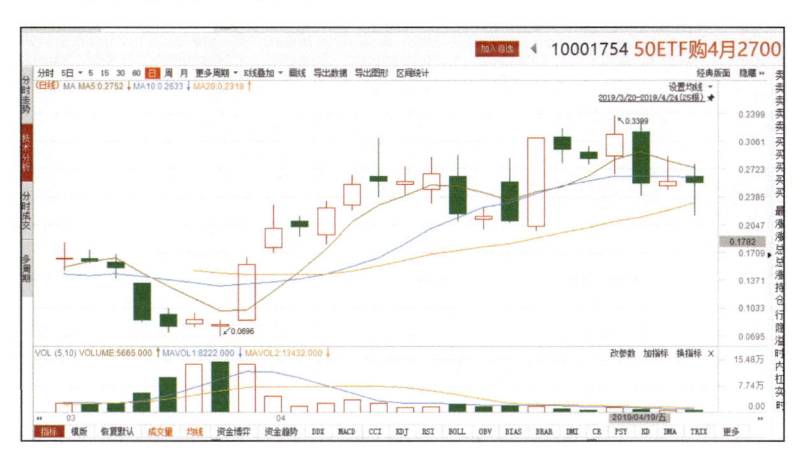

图 5-24 "50ETF 购 4 月 2700" 合约走势

行情在高位震荡时，若判断 50ETF 的价格难以突破 3.1 元，则卖出 "50ETF 购 4 月 3000" 合约（如图 5-25 所示），与 "50ETF 购 4 月 2700" 合约组成比率价差策略。用 240 万元卖出 600 张 500 元/张的 "50ETF 购 4 月 3000" 合约，价值归零后获利 30 万元，此时总资金上涨到 580 万元左右。如图 5-26 所示为笔者 4 月个人账户截图。

图 5-25 "50ETF 购 4 月 3000" 合约走势

· 165 ·

合约代码	合约名称	类型	持仓	可平	买入成本价	买入成本	浮动盈亏
10001755	50ETF购4月2750	权利	1	1	-13.6703	-136703.30	139432.30
10001757	50ETF购4月2850	权利	100	100	0.2048	204796.00	-30896.00
10001764	50ETF沽4月2750	义务	1	1	-6.8686	-68686.30	68679.30
10001766	50ETF沽4月2850	义务	1	1	-4.2135	-42135.30	42120.30
10001767	50ETF沽4月2900	义务	1	1	-2.9044	-29044.30	29012.30
10001768	50ETF沽4月2950	义务	1	1	-1.1602	-11602.30	11516.30
10001770	50ETF沽4月3000	义务	6	6	-0.3282	-19690.80	18346.80
10001769	50ETF购4月3000	权利	150	150	0.0616	92344.40	-23044.40
10001794	50ETF沽5月3000	义务	125	125	-0.0795	-99377.00	-2623.00
合计9			386	386		-110098.90	252543.90

图 5-26　笔者 4 月个人账户截图

（5）5 月先卖认购期权，再双卖期权

在 2019 年 4 月底，50ETF 价格是 3 元左右，无力创出新高，所以先全仓卖出"50ETF 购 5 月 3000"合约（如图 5-27 所示），5 月初买入认沽合约。用 560 万元卖出 1000 元/张的"50ETF 购 5 月 3000"合约 1400 张，再以 100 元/张的价格平仓，获利约 120 万元，此时资金变为 700 万元。

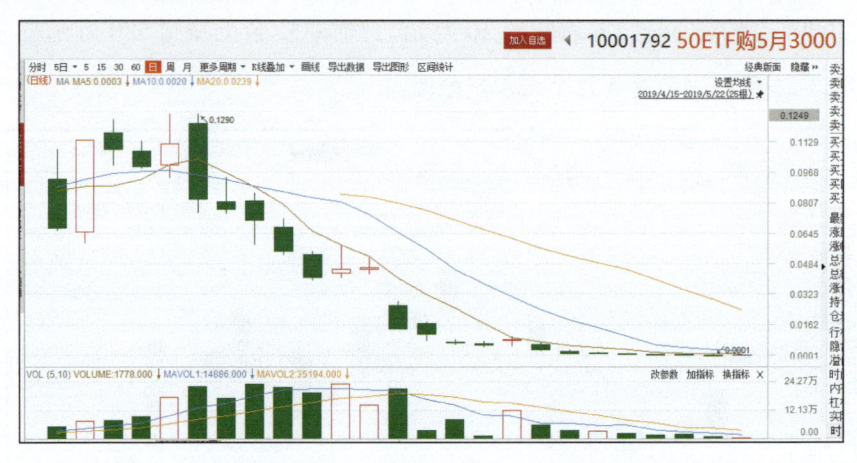

图 5-27　"50ETF 购 5 月 3000"合约走势

2019 年 5 月初的行情结束了快速下跌的局面，在 5 月 9 日出现下影线之后卖出"50ETF 沽 5 月 2700"合约（如图 5-28 所示）和"50ETF 购 5 月

2800"合约（如图5-29所示），认沽合约和认购合约的比例约为2∶3。

图 5-28　"50ETF 沽 5 月 2700"合约走势

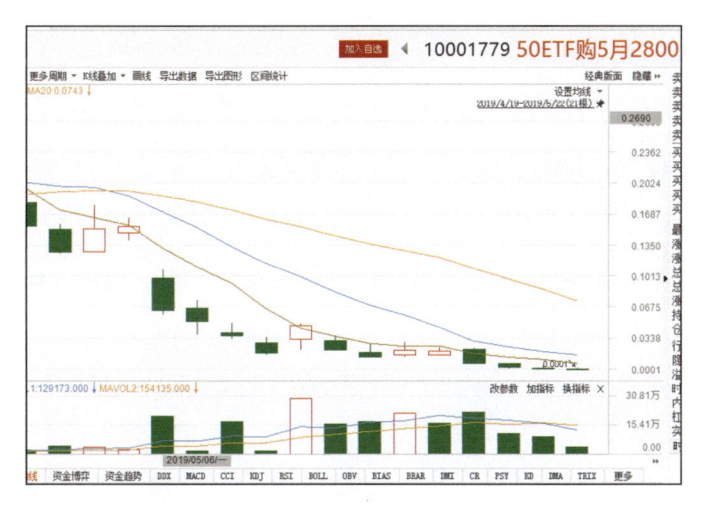

图 5-29　"50ETF 购 5 月 2800"合约走势

5月9日用280万元卖出700张500元/张的"50ETF沽5月2700"合约，价值归零后获利35万元；用400万元卖出1000张300元/张的"50ETF购5月2800"合约，价值归零后获利30万元，此时资金变为765万元。如图5-30所示为笔者5月个人账户截图。

图 5-30　笔者 5 月个人账户截图

（6）6 月下旬买认购期权

在 2019 年 6 月上旬继续使用 5 月的双卖策略，但波动率已有较大幅度的下降，所以使用该策略效果不明显。在 6 月下旬行情上涨时，构建合成多头策略。

2019 年 6 月 10 日，行情下跌趋势结束，波动率低到 19% 的位置，期权价格十分便宜，此时看涨。用 30% 的仓位买入平值 "50ETF 购 6 月 2700" 合约，随后标的价格上涨到 2.8 元，移仓 2800 购合约，其余卖沽 2800 合约。以 200 万元买入 600 元/张的平值 "50ETF 购 6 月 2700" 合约（如图 5-31 所示），在行情出现两根阳线后以 1200 元/张的价格进行平仓，利润为 200 万元。

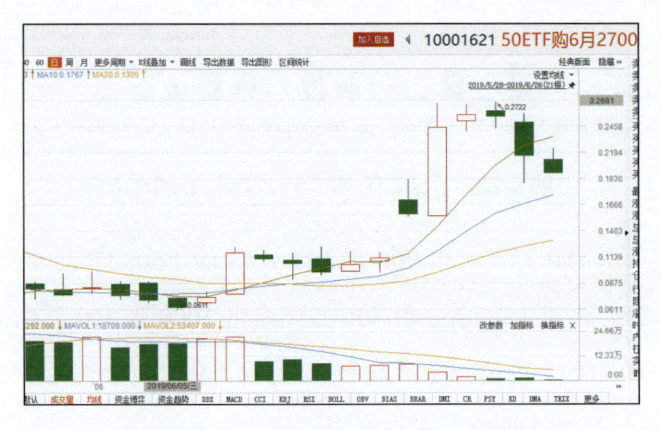

图 5-31　"50ETF 购 6 月 2700" 合约走势

第 5 章 实 战 篇

在第一根阳线的末端,用 3 成仓的 300 万元左右买入 400 元/张的平值"50ETF 购 6 月 2800"合约(如图 5-32 所示),当合约价格上涨到 1400 元/张时进行平仓,获利 2.5 倍,合计盈利 750 万元。

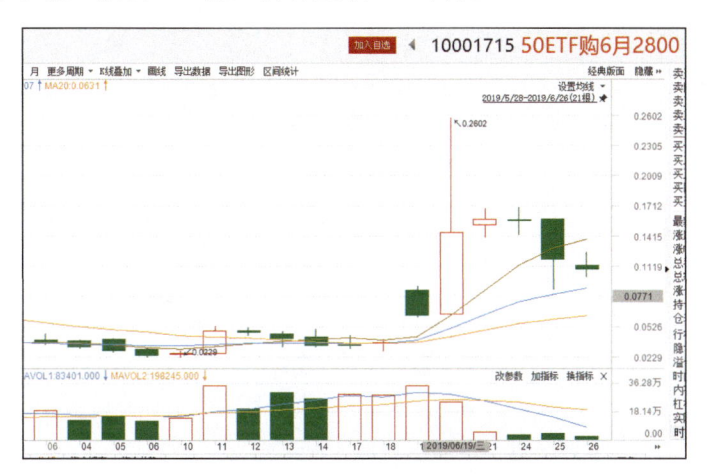

图 5-32 "50ETF 购 6 月 2800"合约走势

剩余 520 万元左右的资金卖出 1300 张 1000 元/张的"50ETF 沽 6 月 2800"合约(如图 5-33 所示),价值归零后获利 130 万元。截至 2019 年 6 月底,总资金增加到 1645 万元。如图 5-34 和图 5-35 所示为笔者 6 月个人账户截图。

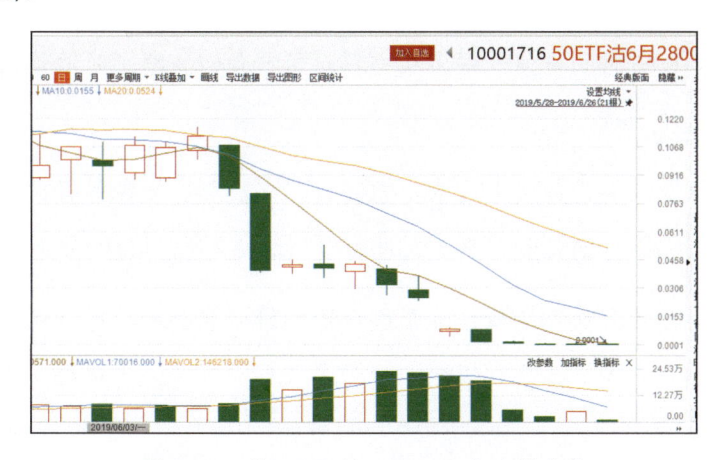

图 5-33 "50ETF 沽 6 月 2800"合约走势

· 169 ·

合约代码	合约名称	类型	持仓	可平	买入成本价	买入成本	浮动盈亏
10001621	50ETF购6月2700	权利	1	1	-2.8786	-28786.10	30821.10
10001735	50ETF购6月2850	权利	1	1	6.2747	62747.00	-62175.00
10001741	50ETF沽6月2950	权利	1	1	-7.7681	-7681.10	8175.10
10001746	50ETF购9月3000	权利	32	32	0.0915	29287.60	9496.40
10001708	50ETF沽6月2750	义务	1	1	-2.3237	-23237.30	23234.30
10001736	50ETF购6月2900	义务	50	50	-0.0437	-21855.00	12655.00
10001739	50ETF沽6月2850	义务	1	1	-0.3172	-3172.30	3146.30
10001740	50ETF沽6月2900	义务	35	35	-0.0129	-4505.00	-185.00
	合计8		122	122		2797.80	25168.20

图 5-34 笔者 6 月个人账户之一

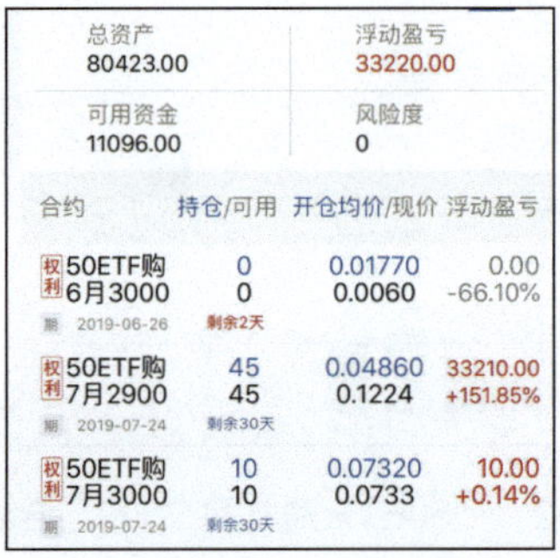

```
总资产            浮动盈亏
80423.00          33220.00
可用资金          风险度
11096.00          0

合约         持仓/可用   开仓均价/现价   浮动盈亏
权利 50ETF购    0         0.01770        0.00
     6月3000    0         0.0060        -66.10%
     2019-06-26           剩余2天

权利 50ETF购    45        0.04860        33210.00
     7月2900    45        0.1224         +151.85%
     2019-07-24           剩余30天

权利 50ETF购    10        0.07320        10.00
     7月3000    10        0.0733         +0.14%
     2019-07-24           剩余30天
```

图 5-35 笔者 6 月个人账户之二

从以上笔者的操作经验可以看出，在 2019 年上半年盈利还是很容易的，但是很多投资者都错过了盈利的机会，下面分析一下投资者错过盈利机会的原因：

- 期权有时间价值，很多买方看对了方向但忽略了时间价值，所以依然亏钱；

- 行情并不是连续上涨的，中间有一些反复、横盘等行情，投资者在遇到行情转变时来不及调整策略而错过盈利的机会；

- 大多数人认为期权是一个适合短期投机的品种，喜欢频繁进进出出、止盈、止损，以至于浪费了很多手续费，也错过了很多盈利行情；

● 操作不当，如果在盈利后移仓时，刚好碰上波动率处于高位，或者遇到趋势反转，那么前面盈利的资金很快就会被收回去。

5.3　2019年下半年适合使用的策略

在 2019 年下半年，尤其是 8 月下旬之后，50ETF 的价格在 3 元左右震荡，最高不超 3.1 元，最低不过 2.9 元（如图 5-36 所示），波段越来越短，波动率指数处于一路下行的走势（如图 5-37 所示）。

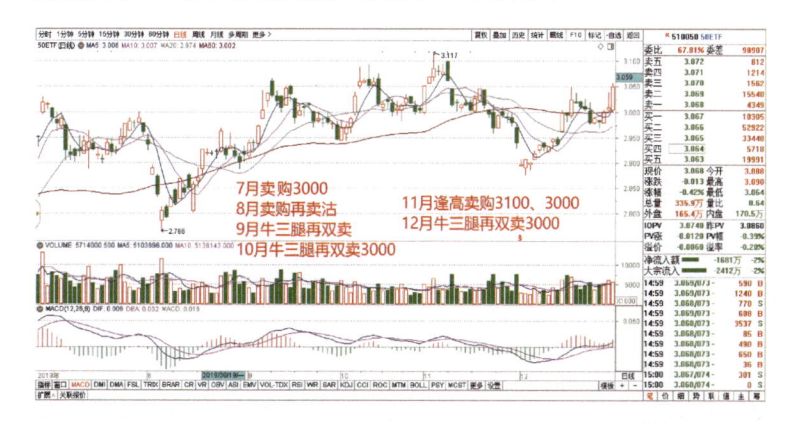

图 5-36　2019 年下半年 50ETF 走势（不复权）和合理的操作

图 5-37　2019 年下半年波动率指数走势

（1）7月卖购3000

2019年7月1日，受到国际经济贸易利好消息的影响，50ETF高开超过分时均线，站上3元大关（如图5-38所示），但随后几天未能延续涨势，而是缓慢下跌，直到7月底才有所反弹。波动率指数在2019年7月1日达到了25%，这也是下半年波动率的高点，随后缓慢下降。

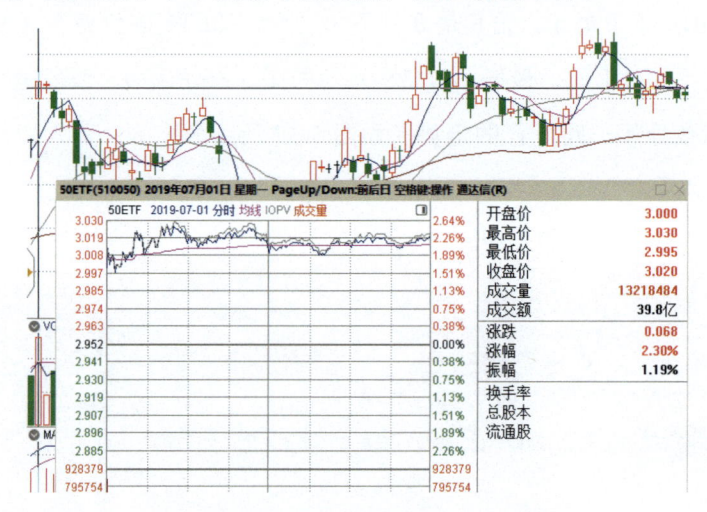

图5-38　2019年7月1日50ETF走势

这个月比较稳妥的操作方式是卖出"50ETF购7月3000"合约，并等待其价值归零。接上文，总资金为1645万元，在合约1000元/张时卖出，保证金为4000元/张，卖出4000张认购合约需要花费1600万元，在合约价值归零后将获利400万元，至此总资金涨到2000万元左右。如图5-39所示为笔者7月个人账户截图。

图5-39　笔者7月个人账户截图

（2）8月卖购再卖沽

2019年8月，国际经济贸易传来不太好的消息，所以50ETF价格出现跳空低开现象，从3元快速跌到了2.766元，随后见底反弹，在8月底再次接近3元关口。在8月后期50ETF价格反弹的过程中，认沽期权价格比认购期权价格高，其波动率也高，期指贴水，但投资者的预期不等于标的价格的走势，最后认购期权有较少盈利，认沽期权价格归零。

本月应当在50ETF价格跌破5日线时，卖出平值"50ETF购8月3000"合约（如图5-40所示），在8月6日价格见底回升之后平仓，反向卖出认沽期权，从卖出轻度虚值的"50ETF沽8月2800"合约开始，后续移仓一次"50ETF沽8月2900"合约并等待价格归零。

图5-40　"50ETF购8月3000"合约走势

使用2000万元卖出5000张500元/张的"50ETF购8月3000"合约，获利200万元，此时资金变为2200万元。

标的价格探底回升，在出现下影线后卖出轻度虚值"50ETF沽8月2800"合约（如图5-41所示），资金变为2400万元。

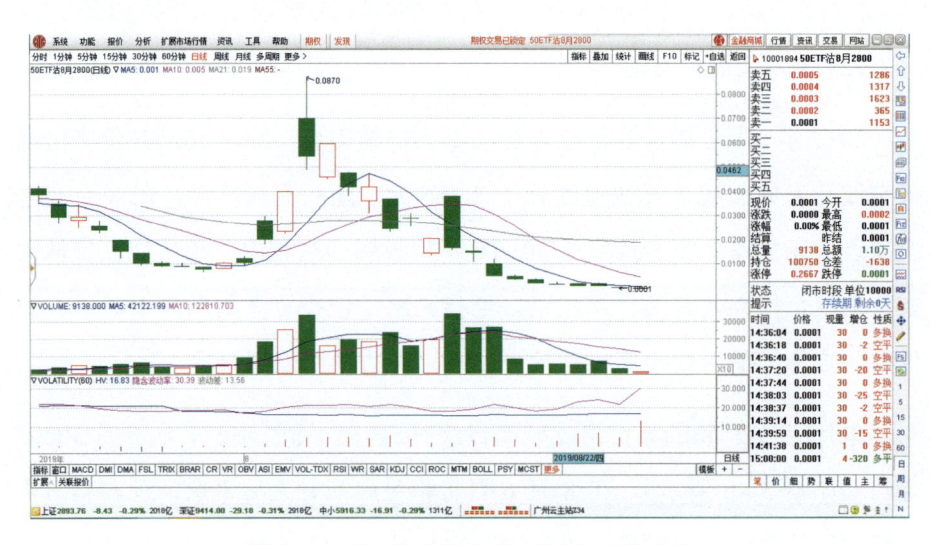

图 5-41 "50ETF 沽 8 月 2800" 合约走势

再卖出"50ETF 沽 8 月 2900"合约（如图 5-42 所示），等到价格归零，5000 张合约获利 300 万元，此时总资金变为 2700 万元。如图 5-43 所示为笔者 8 月个人账户截图。

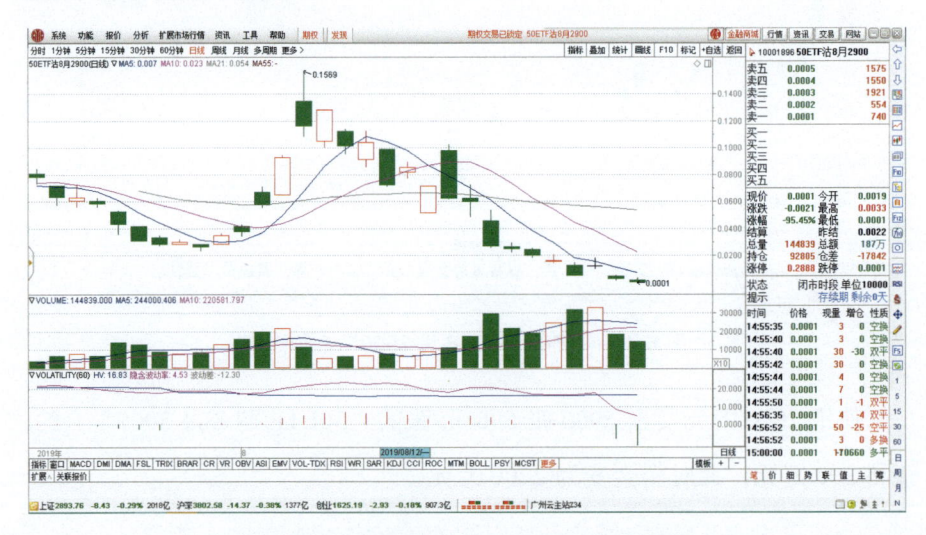

图 5-42 "50ETF 沽 8 月 2900" 合约走势

图 5-43 笔者 8 月快到期前的个人账户截图

（3）9 月牛三腿再双卖

在 2019 年 8 月底，行情横盘几天后，50ETF 价格快速上涨到 3.05 元，随后在 9 月份震荡回落到 2.95 元（如图 5-44 所示）。在 8 月底可以采用牛三腿策略赚取卖出认沽期权的利润和对认购合约使用牛市价差策略的部分利润，随后在行情震荡回落时，减仓认购合约，保留较多的卖出认购合约和部分卖出虚值认沽合约以赚取利润。如图 5-45 所示为笔者 9 月个人账户截图。

图 5-44 50ETF 在 2019 年 9 月的走势

· 175 ·

合约代码	合约名称	类型	持仓	可平	买入成本价	买入成本	浮动盈亏
10001743	50ETF购9月2850	权利	1	1	-6.1245	-61245.00	62561.00
10001744	50ETF购9月2900	权利	1	1	7.7942	77942.10	-77130.10
10001745	50ETF购9月2950	义务	181	181	-0.0149	-26979.80	-30940.20
10001746	50ETF购9月3000	义务	1	1	-6.0971	-60971.00	60960.00
10001749	50ETF沽9月2950	义务	1	1	-4.1494	-41494.00	41492.00
10001750	50ETF沽9月3000	义务	140	140	-0.0363	-50782.00	25582.00
10001801	50ETF购9月3100	义务	1	1	-1.2925	-12925.00	12924.00
	合计7		326	326		-176454.70	95448.70

图 5-45 笔者 9 月个人账户截图

（4）10 月牛三腿再双卖 3000

2019 年 10 月，50ETF 价格快速冲高到 3.1 元附近，在出现一根阴线后回落，然后横盘到 10 月底。

在 10 月上旬 50ETF 价格快速上涨的过程中，使用牛三腿策略来增加买入认购的利润、降低卖出认购的亏损，不计算这段时间的损益，在价格跌破均线后双卖 3000 认沽和 3000 认购合约（如图 5-46 和图 5-47 所示），本月利润为 350 万元，累计资金变成 3350 万元。

图 5-46 "50ETF 购 10 月 3000" 合约走势

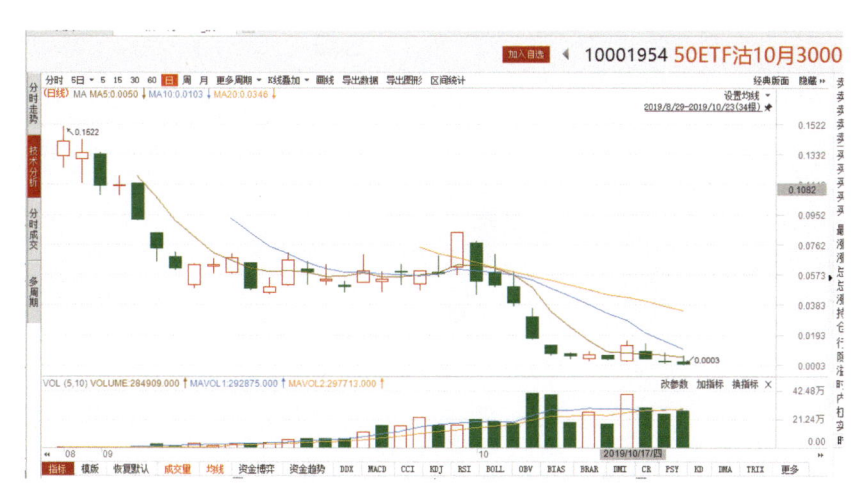

图 5-47 "50ETF 沽 10 月 3000" 合约走势

（5）11 月逢高卖购 3100、3000

2019 年 11 月，50ETF 价格再次冲高回落（如图 5-48 所示），11 月 5 日价格冲高到 3.117 元，11 月 8 日中阴线被跌破，冲高未果，先卖出"50ETF 购 11 月 3100"合约（如图 5-49 所示），随后在行情横盘时卖出"50ETF 购 11 月 3000"合约（如图 5-50 所示）。在 11 月 18 日实施组合策略，大幅提高资金使用效率。

图 5-48 2019 年 11 月 50ETF 走势

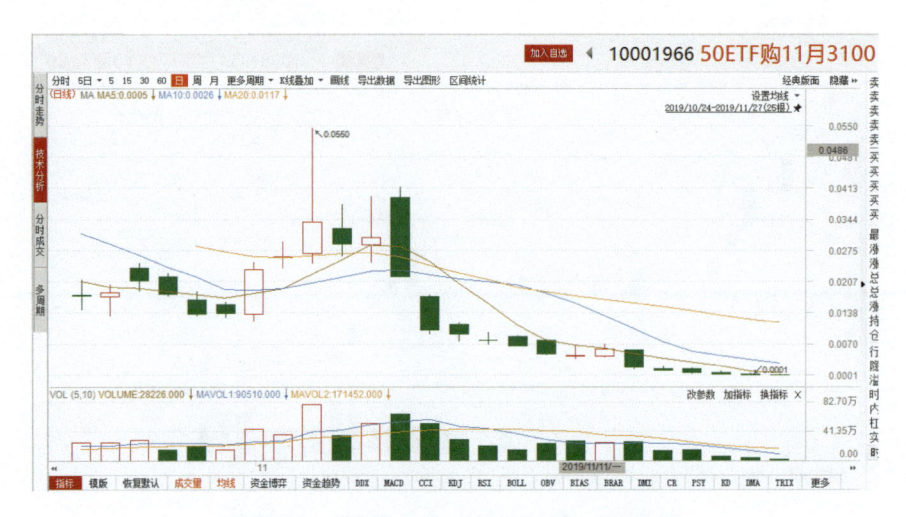

图 5-49 "50ETF 购 11 月 3100" 合约走势

图 5-50 "50ETF 购 11 月 3000" 合约走势

价格冲高后，卖出 3100 认购合约 8000 张，总资金变为 3500 万元左右。随后，卖出 8000 张 3000 认购合约，最后价格归零，利润为 320 万元，至此总资金变为 3820 万元左右。

(6) 12 月牛三腿再双卖 3000

2019 年 12 月，标的价格探底回升，从最低的 2.875 元缓慢上涨到 3.05 元，再回落到 3 元以下（如图 5-51 所示），"50ETF 购 12 月 3000" 合约（如

图 5-52 所示）再次价格归零。沿着均线采用买认购和卖平值认沽/认购合约策略，最后总资金变为 4300 万元左右。如图 5-53 所示为笔者 12 月个人账户截图。

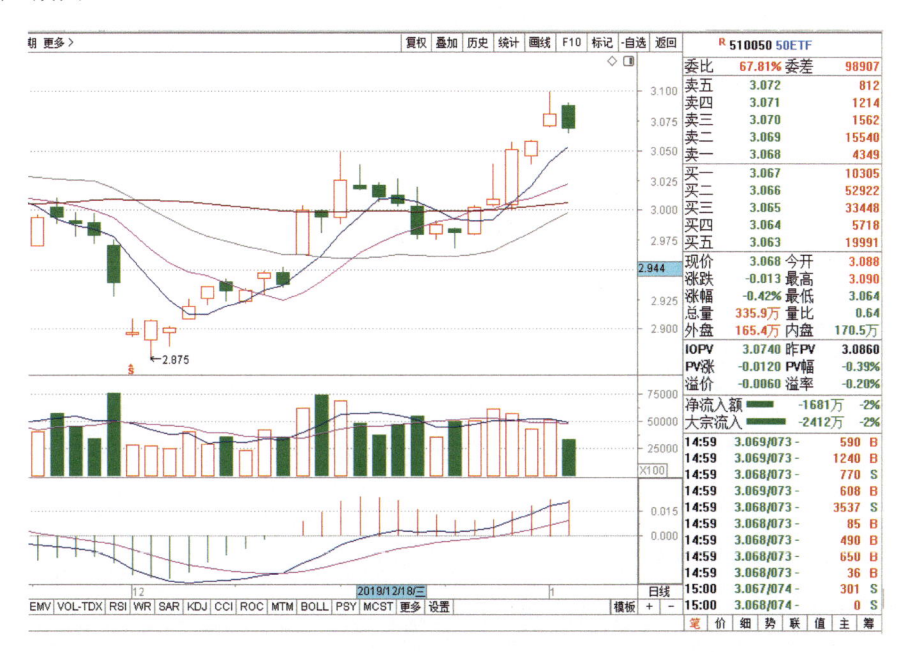

图 5-51　2019 年 12 月 50ETF 走势

图 5-52　"50ETF 购 12 月 3000"合约走势

合约代码	合约名称	类型	持仓	可平	买入成本价	买入成本	浮动盈亏	持仓保证金	备兑数量
10002044	50ETF沽12月3000	义务	400	0	-0.0369	-147613.00	112813.00	0.00	0
10002043	50ETF沽12月2950	义务	1	1	-13.7734	-137701.00	137701.00	3371.13	0
10002040	50ETF沽12月2800	权利	400	0	0.0064	25482.00	-23482.00	0.00	0
10001833	50ETF购12月3050A	义务	100	100	-0.0180	-18334.16	-7581.49	415385.25	0
10002035	50ETF购12月3000	义务	1	1	8.6667	86667.00	-87322.00	4528.23	0
10002035	50ETF购12月3000	权利	301	301	0.0445	133987.00	63168.00	0.00	0
10002034	50ETF购12月2950	权利	200	200	0.0828	165650.00	54750.00	0.00	0
10002032	50ETF购12月2850	权利	1	1	-2.8275	-28275.00	30356.00	0.00	0
	合计8		1404	604		79829.84	280402.51	423284.61	0

图 5-53 笔者 12 月个人账户截图

5.4 2020年适合使用的策略

300ETF、300 股指期权的价格波动比 50ETF 的价格波动更大，接下来主要以 300ETF 期权为例来讲解在 2020 年适合使用的策略。

从整体上来说，2020 年标的价格的波动比较大，1 月在高位震荡，随后震荡向下突破，2 月 3 日开盘大跌超过 8%，随后在创业板的带领下出现一波反弹行情，在 2 月底标的价格出现连续跳空高开、跳空低开之后，3 月 5 日见到波段高点，随后标的价格快速下跌到 3.492 元附近，3 月下旬缓慢反弹，直到 6 月中旬基本都是震荡反弹行情，6 月下旬开始加速上扬，7 月初开始大幅度上涨，阶段涨幅超过 20%，随后在高位震荡。如图 5-54 所示为 2020 年 300ETF 走势。

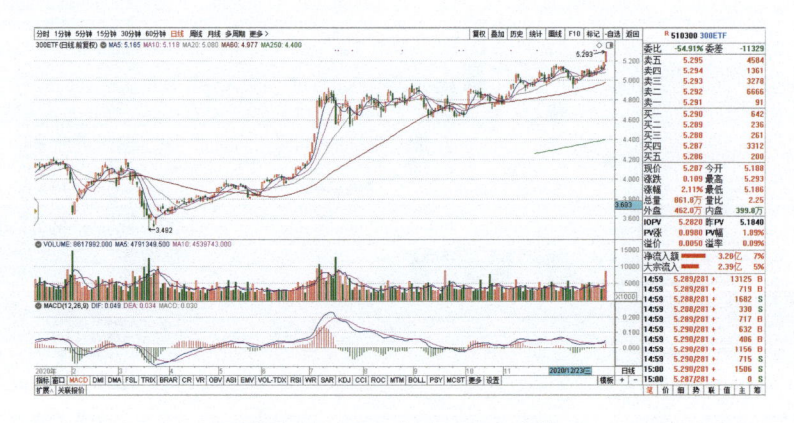

图 5-54 2020 年 300ETF 走势

第 5 章 实 战 篇

在波动率上，2020 年 1 月初维持在低位，因为 1 月底标的价格跌破均线，所以波动率有所回升。在 2 月 3 日标的价格大幅跳空低开后，认沽期权价格暴涨，波动率到达 35%的高位，随后震荡回落。在 2 月底、3 月初标的价格大幅来回跳空和连续走低时，波动率再度升高，最高达到 48%。许多看空投资者在这两波上涨行情中亏损惨重。随后，标的价格震荡反弹，波动率快速回落，又回到了 20%左右，且在这个位置震荡横盘了两三个月。7 月标的价格大涨，使得波动率回升到 40%左右，随后标的价格在高位震荡两个月，波动率再度走低，如图 5-55 所示。

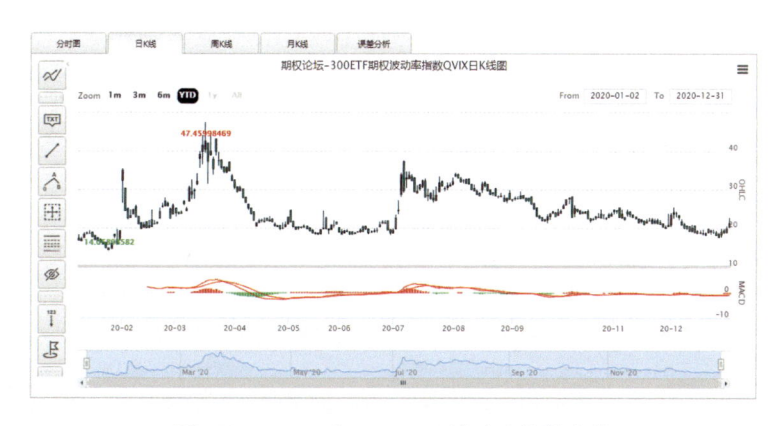

图 5-55　2020 年 300ETF 波动率指数走势

（1）1 月使用双卖策略

在 2020 年 1 月，标的价格实际波动并不大，从 4.1 元涨到 4.2 元，随后再跌回 4.1 元左右，价格波动小，波动率低，买方没有什么机会，但卖方有一些机会，可以试一试，但是利润也很低。

（2）2 月先买沽再做多

在 2020 年 1 月底，由于标的价格已经跌破了各种均线，且短期均线向下交叉中期均线，因此在 1 月 23 日之前可以适当配置一些认沽期权，在 2 月 3 日之后标的价格大幅跳空低开、波动率急剧上升时，可以将认沽期权获利了结。随后，随着标的价格反弹，直到接近前期高点，这时做多比较合适，可以使用卖出前低认沽策略、买入实值认购策略或牛市价差策略。

（3）3月先买跨后做空

2020年2月底、3月初，标的价格来回跳空，不是跳空高开就是跳空低开，在方向上没有优势，而且波动率持续升高，这时可以使用少部分资金买入跨式期权，在波动率没有大幅下降时，只要标的价格跳空的幅度较大，都可以分批止盈。

3月11日，标的价格跌破了均线，这时可以进行空头操作。波动率继续升高，可以买入认沽期权，但是买沽需要谨慎，因为日内的价格波动还是挺大的，而且最后几天标的价格反弹，虚值认沽期权价格下跌速度很快，利润很容易回吐干净。

（4）4—5月使用双卖策略

在经过了2月和3月的价格大幅波动之后，3月底标的价格终于回归正常波动，虽然在4月初还有一些跳空高开和跳空低开的现象，但是幅度都很小，同时波动率从高位快速回落。

在这段时间，波动率下降加上标的价格反弹，认沽期权价格快速回落，波动率是单边下跌的，认沽期权也依托均线下行。虽然标的价格有所反弹，但是认购期权的价格并未随着标的价格的反弹而有所上涨，这是波动率的单边下降导致的，4—5月使用双卖策略能够盈利。

（5）6—7月合成多头

在进入6月以后，行情出现了两个非常明显的现象，一个是标的价格上涨趋势延续得较好，尤其是6月最后一个星期；另一个是认购期权的价格很便宜，波动率很低。标的价格延续了升势，对于中小资金投资者来说，

第 5 章 实 战 篇

买入实值认购期权或平值认购期权性价比较高；而对于大资金投资者来说，应使用合成多头策略，根据对买方与卖方比例的构建和行权价虚实的选择来控制风险。

因为认沽期权波动率较高，价格比较贵，所以卖出认沽期权也能获取较大的收益，而且回撤和价格波动比买认购期权要小。如图 5-56 所示为"300ETF沽6月4000"合约走势。如图 5-57 所示为笔者 6 月期权合成多头账户，如图 5-58 所示为笔者 7 月期权合成多头账户峰值时刻。

图 5-56 "300ETF 沽 6 月 4000" 合约走势

合约代码	合约名称	类型	持仓	可平	买入成本价	买入成本	浮动盈亏	报单时间	合约
10002087	50ETF购6月2900	权利	1	1	-1.3064	-13063.60	13492.60	09:32:26	10002560
10002173	300ETF购6月3800	权利	1	1	-7.4761	-74760.60	78287.60	09:32:15	10002560
10002175	300ETF购6月4000	权利	1	1	-0.8955	-8955.20	10470.20	09:32:15	10002560
10002176	300ETF购6月4100	权利	1	1	-0.3343	-3343.00	4002.00	09:32:15	10002560
10002550	300ETF购7月3900	权利	70	70	0.0524	36670.90	142179.10	09:32:15	10002560
10002551	300ETF购7月4000	权利	200	200	0.1356	271283.00	78317.00	09:31:16	10002560
10002094	50ETF沽6月2800	义务	1	1	-13.6752	-136751.60	136750.60	09:31:16	10002560
10002181	300ETF沽6月3700	义务	1	1	-5.2096	-52095.60	52094.60	09:30:57	10002560
10002182	300ETF沽6月3800	义务	1	1	-6.5190	-65189.60	65188.60	09:30:57	10002560
10002183	300ETF沽6月3900	义务	1	1	-11.1659	-111659.40	111657.40	09:30:57	10002560
10002184	300ETF沽6月4000	义务	1	1	-7.9186	-79186.00	79183.00	09:30:57	10002560
10002185	300ETF沽6月4100	义务	300	300	-0.0324	-97085.90	91385.90	09:30:47	90000060
10002559	300ETF沽7月3900	义务	300	300	-0.0526	-187759.00	115759.00		
10002560	300ETF沽7月4000	义务	323	323	-0.0484	-156344.00	19392.00		
90000060	300ETF购6月4200	权利	100	100	0.0179	17912.00	6888.00		
	合计15		1302	1302		-660327.60	1005047.60		

图 5-57 笔者 6 月期权合成多头账户

· 183 ·

▷ 风险度 99.60% 实时风险度 97.13% 风险状态 警告 资金总额 1743187.54 总权益 4642098.54 可用保证金 7022.41 已用保证金 1736165.13 可取资金 0.00 期

持仓合约 | 自选合约 | 组合持仓 | 套利合约 | 备兑股份

合约代码	合约名称	类型	持仓	可平	买入成本价	买入成本	浮动盈亏	持仓保证金	备兑数量	合约市值
10002550	300ETF购7月3900	权利	1	1	-4.8773	-48773.20	57942.20	0.00	0	9169.0
10002551	300ETF购7月4000	权利	1	1	-7.2981	-72980.60	81179.60	0.00	0	8199.0
10002552	300ETF购7月4100	权利	1	1	-21.0712	-210712.00	217921.00	0.00	0	7209.0
10002553	300ETF购7月4200	权利	100	100	-0.3502	-350246.60	976146.60	0.00	0	625900.0
10002563	300ETF购7月4300	权利	200	200	0.0762	152432.00	904568.00	0.00	0	1057000.0
10002581	300ETF购7月4600	权利	160	160	0.1837	293974.00	135306.00	0.00	0	429280.0
10002560	300ETF沽7月4000	义务	1	1	-4.4548	-44547.80	44485.80	3005.10	0	-62.0
10002561	300ETF沽7月4100	义务	1	1	-5.2386	-52386.00	52320.00	3095.40	0	-66.0
10002615	300ETF沽8月4100	义务	1	1	-15.2014	-152014.20	151780.20	3306.45	0	-234.0
90000102	300ETF购9月4300	权利	45	45	0.4354	195945.00	102225.00	0.00	0	298170.0
90000247	300ETF购7月4500	权利	150	150	0.0628	94183.00	532067.00	0.00	0	626250.0
10002574	300ETF沽7月4500	义务	237	237	-0.0311	-73808.00	1997.00	881177.85	0	-71811.0
10002582	300ETF沽7月4600	义务	177	177	-0.0526	-93026.00	2933.00	845580.33	0	-90093.0
	合计13		1075	1075		-361960.40	3260871.40	1736165.13	0	2898911.0

2020.7.7 11:27 小马

▷ 风险度 99.09% 实时风险度 96.71% 风险状态 警告 资金总额 4413422.86 总权益 9439082.86 可用保证金 40277.61 已用保证金 4373145.25 可取资金 0.00 期

持仓合约 | 自选合约 | 组合持仓 | 套利合约 | 备兑股份

合约代码	合约名称	类型	持仓	可平	买入成本价	买入成本	浮动盈亏	持仓保证金	备兑数量	合约市值
10002552	300ETF购7月4100	权利	1	1	-57.2940	-572939.90	580144.90	0.00	0	7205.0
10002553	300ETF购7月4200	权利	100	100	-0.4245	-424457.40	1050357.40	0.00	0	625900.0
10002563	300ETF购7月4300	权利	300	300	0.1114	334168.00	1242332.00	0.00	0	1576500.0
10002581	300ETF购7月4600	权利	400	400	0.0862	344646.00	729354.00	0.00	0	1074000.0
10002559	300ETF沽7月3900	义务	1	1	-12.3766	-123766.10	123711.10	3202.75	0	-55.0
10002560	300ETF沽7月4000	义务	1	1	-13.6368	-136368.30	136307.30	3290.15	0	-61.0
10002561	300ETF沽7月4100	义务	1	1	-20.5901	-205900.70	205833.70	3390.20	0	-67.0
10002614	300ETF沽8月4000	义务	1	1	-14.2523	-142523.40	142345.40	3453.45	0	-178.0
10002615	300ETF沽8月4100	义务	1	1	-22.2250	-222249.60	222015.60	3621.35	0	-234.0
10002616	300ETF沽8月4200	义务	500	500	-0.0538	-268843.00	108343.00	1913600.00	0	-160500.0
90000247	300ETF购7月4500	权利	500	500	0.0684	341942.00	1763558.00	0.00	0	2105500.0
10002574	300ETF沽7月4500	义务	330	330	-0.0312	-103115.00	3455.00	1343809.50	0	-99660.0
10002582	300ETF沽7月4600	义务	210	210	-0.0529	-111028.00	3928.00	1098776.70	0	-107100.0
	合计14		2347	2347		-137638...	6405830.10	4373144.10	0	5029449.0

图 5-58　笔者 7 月期权合成多头账户峰值时刻

总体来说，2020 年上半年行情波动很大，下半年市场震荡上行，和 2019 年的行情类似。但是除 2 月底、3 月初出现连续大幅跳空外，其他时候都比较连续，行情波段比较长，如果使用了正确的策略，就可以获得较多收益，但如果把方向做反，亏损也会非常大，而且波动率在上升时非常快且剧烈，卖方容易蒙受较大损失，但是在 4—6 月可以回本，如果 7 月不及时做一些方向性交易，那么卖购的投资者将面临巨大亏损。